Pomalé vaření pro každého

Neotřelé nápady pro výborné jídlo

Tomáš Novák

Obsah

Chili Mac 10
Vepřové Chili Se Zeleninou 12
jihozápadní chile 13
svíčková chilli 15
Chilli s Rajasem 16
Habanero pepř 18
Chile Rio Grande 19
Texas Hot Chili 21
Italské chilli 23
Mesquite kuřecí chilli 25
Poblano Chili hovězí maso 26
Snadná chilli tortilla 27
tortilla klíny 28
Texas Two Step Chile 29
chilli taco 30
Zapečené tortilla chipsy 31
chilli krém 32
chilli krtek 34
guacamole 35
Zelené Chile 36
Cilantro chilli zakysaná smetana 37
Mexická klobása 38
Mexické Chorizo Chile 39
Sýr a bílé chilli s červenou rajčatovou omáčkou 40
červená rajčatová omáčka 42
ranč chile 43

Žlutá squash a chilli fazole Cannellini 45

středomořské chilli 48

Chilli S Fazolemi 50

Černá a bílá fazole chilli 51

Chilli s fazolemi a pivem 53

Kořeněné Fazolové Chilli S Fusilli 54

čočka Chilli Se Slaninou A Pivem 56

Zeleninové a čočkové chilli 58

Vegetariánské černé a bílé fazolové chilli 59

Chilli fazole a sladká kukuřice 60

chilli bez masa 61

chilli omeleta 63

Sladké bramborové hranolky 65

Aj de Artemisa s čerstvými rajčaty 66

Černé fazole, rýže a sladké kukuřičné chilli 67

Chili omáčka 68

Karibské Chile 69

Mango omáčka 71

Hovězí pečeně s Fettuccine 72

Pečená hovězí křenová omáčka 74

sauerbraten 76

Opečeme na pánvi 78

káva pražená 79

Hovězí bourguignon 80

grilovaná hruď 82

sendviče s grilovaným masem 83

potřít kořením 84

Plněný flank steak s houbami 85
Kuřecí řízek na pivu 86
Hovězí koláč plněný zeleninou 88
hovězí uhličitan 90
Rouladen 92
italský Rouladen 93
Rolády v řeckém stylu 94
Žebra guláš 95
Kořeněné hovězí maso s křenem 96
jen sekaná 98
Italská masová koule 100
Slaná sýrová sekaná 102
Sekaná S Chutney A Arašídy 104
Vejce a citronová omáčka 106
Citronová sekaná s citronovou vaječnou omáčkou 107
sladkokyselý šunkový chléb 109
Lehké maso s vínem a zeleninou 111
Plněné zelí listy 112
Florentské masové kuličky 114
Rigatoni s masovými kuličkami z lilku 116
lilkové karbanátky 117
Krevety s artyčoky a paprikou 119
Kastrol s krevetami a Okra 120
Kreolské krevety se šunkou 121
Cajunské krevety, sladká kukuřice a fazole 123
Krevety a klobása Gumbo 125
Těstoviny S čerstvými Rajčaty A Bylinkovou Omáčkou ... 126

Rizoto se zimní zeleninou 127
Porcini rizoto... 128
Rizoto s brokolicí a piniovými oříšky... 130
Risi Bisi 131
Rizoto s letní zeleninou 132
Vaječný koláč s houbami a bazalkou 133
Pečená zelenina na grilu.. 135
vrstvené lasagne... 137
Těstovinový Salát S Lilek 138
Zeleninová Pasta S Bylinkami.. 139
Welsh Rarebit.. 141
Makarony a rajčatový kastrol 142
Penne se čtyřmi sýry.. 143
Zeleninový pokrm na celou sezónu... 144
chilli s postojem.. 146
Míchaná Zelenina S Cobbler Chilli Polevou............................... 148
Orchard Kastrol.. 150
Pšeničné bobule s čočkou 151
sladkokyselá dýně s bramborem 152
Divoké Houby S Cannellini 154
Zeleninové jídlo s Bulghar... 156
Česnek čočka Se Zeleninou... 158
Čočka s kořeněným kuskusem 160
kořeněný kuskus... 161
Kastrol z černých fazolí a zeleniny 162
Kastrol z fazolí a dýní 164
Slané fazole a ječmen se špenátem... 165

Sladký fazolový kastrol *166*
Dušené černé fazole a špenát *167*
Sladká, pálivá a kořeněná zelenina a fazole *169*
Zimní fazole s mrkví *171*
Kořeněné Tofu Se Zeleninou *173*
Lilek, paprika a okra kastrol *174*
Italské zeleninové tortellini se sýrem *176*
Cizrna pro Kolumbijce *177*
Argentinská zelenina *179*
Makarony a fazole kastrol *181*
Cizrna s pečenou paprikou a smetanovou polentou *182*
Ratatouille s feta aioli *184*
sýr feta aioli *185*
Okra s kari a kukuřice s kuskusem *186*
rostlinný tagin *187*
Španělské tofu *189*
Míchaná zelenina s kuskusem *191*
Africký kastrol ze sladkých brambor *193*
česneková kořenící pasta *194*
zeleninový stroganoff *195*
Zelné ragú s velkorysou bramborovou kaší *196*
Dýňový bramborový guláš *198*
Javorová ovesná kaše V *200*
Vícezrnná cereálie *201*
husté jablečné pyré *202*
Artyčoky s falešnou holandskou omáčkou *203*
Simulovaná holandská omáčka *204*

Italský chřest a bílé fazole *205*

Francouzské fazole v řeckém stylu *206*

Orientální zelené fazolky *207*

Fazolový kastrol *208*

Nejvyšší zelené fazolky *209*

Santa Fe pečené fazole *210*

Toskánská fazolová mísa *211*

Brazilský potěr z černých fazolí *212*

Pečené fazole se zázvorem *213*

Dijonská řepa *215*

Červená řepa s medem *216*

Růžičková kapusta a jarní cibulka glazovaná s cukrem *217*

Dušené zelí na víně *218*

smetanové zelí *219*

Mrkvové pyré se zázvorem *220*

Pyré z květáku a fenyklu *221*

Chili Mac

Toto chilli nepotřebuje žádnou další oblohu, díky čemuž je samo o sobě úžasně snadné jídlo.

Na 8 porcí

450 g / 1 libra libového mletého hovězího masa
olej, na mazání
2 nakrájené cibule
1 zelená paprika nakrájená nadrobno
2 stroužky česneku, mleté
1-2 lžíce chilli nebo podle chuti
2 lžičky mletého kmínu
2 lžičky sušeného oregana
2 plechovky po 400 g / 14 oz nakrájených rajčat
400 g / 14 oz fazole, scezené a propláchnuté
175g / 6oz rajčatový protlak
175 ml / 6 fl oz piva nebo vody
1 lžíce světle hnědého cukru
1 lžíce kakaového prášku
sůl a čerstvě mletý černý pepř podle chuti
200 g vařených loketních makaronů
50 g / 2 oz strouhaný sýr čedar

2 jarní cibulky, nakrájené na plátky
120 ml zakysané smetany

Mleté hovězí maso vařte ve velké, lehce naolejované pánvi na středním plameni, dokud maso nezhnědne, asi 10 minut, rozdrobte vidličkou. Smíchejte maso a zbývající přísady kromě soli, pepře, makaronů, sýra, jarní cibulky a zakysané smetany v pomalém hrnci. Přikryjte a vařte na mírném ohni 6 až 8 hodin. Zapněte pomalý hrnec, přidejte makarony a 120 ml/4 fl oz vody a vařte 15 minut. Dochuťte solí a pepřem. Každou misku s chilli posypte sýrem, pažitkou a zakysanou smetanou.

Vepřové Chili Se Zeleninou

Zelená listová zelenina dodává tomuto chutnému chilli živiny a barvu.

Na 8 porcí

700 g / 1½ lb libového vepřového mletého masa
2 plechovky po 400 g / 14 oz fazolí, scezené a opláchnuté
2 plechovky po 400 g / 14 oz nakrájených rajčat
1 nakrájená cibule
½ lžičky mleté skořice
½ lžičky mletého kmínu
½ – 1 lžička jemně nasekaných chilli vloček
225 g kapusty nebo špenátu nahrubo nasekaných
sůl a čerstvě mletý černý pepř podle chuti

Vepřové maso opékejte na velké, lehce naolejované pánvi, dokud nezhnědne, asi 10 minut a rozdrobte vidličkou. Smíchejte vepřové maso a zbývající přísady, kromě kapusty, soli a pepře, v pomalém hrnci. Přikryjte a vařte na nízké teplotě po dobu 6 až 8 hodin, během posledních 20 minut přidejte kapustu. Dochuťte solí a pepřem.

jihozápadní chile

Pokud nemáte papričku jalapeno, hodí se jiná pálivá chilli odrůda.

Na 8 porcí

450 g / 1 libra libového mletého hovězího masa
olej, na mazání
2 nakrájené cibule
1 zelená paprika nakrájená nadrobno
2 stroužky česneku, mleté
1 paprička jalapeňo, jemně nasekaná
1-2 lžíce chilli nebo podle chuti
2 lžičky mletého kmínu
2 lžičky sušeného oregana
2 plechovky po 400 g / 14 oz nakrájených rajčat
400 g / 14 oz plechovka černých nebo pinto fazolí, scezená a propláchnutá
175g / 6oz rajčatový protlak
175 ml / 6 fl oz piva nebo vody
1 lžíce světle hnědého cukru

1 lžíce kakaového prášku
sůl a čerstvě mletý černý pepř podle chuti
50 g / 2 oz strouhaný sýr čedar
2 jarní cibulky, nakrájené na plátky
120 ml zakysané smetany
nasekaný čerstvý koriandr na ozdobu

Mleté hovězí maso vařte ve velké, lehce naolejované pánvi na středním plameni, dokud maso nezhnědne, asi 10 minut, rozdrobte vidličkou. Smíchejte hovězí maso a zbývající přísady kromě soli, pepře, sýra, pažitky a zakysané smetany v pomalém hrnci. Přikryjte a vařte na mírném ohni 6 až 8 hodin. Dochuťte solí a pepřem. Posypte každou misku s chilli sýrem, jarní cibulkou, zakysanou smetanou a trochou koriandru.

svíčková chilli

Toto super snadné chilli obsahuje libové, jemné vepřové maso a čerstvá rajčata. Pokud dáváte přednost méně horkému chilli, vynechejte chilli prášek a použijte pouze čerstvé chilli.

pro 4 osoby

1 libra / 450 g vepřové panenky, na kostky (1 cm / ½ palce)
400 ml / 14 fl oz hovězího vývaru
400 g / 14 oz plechovka fazolí, scezená a propláchnutá
450 g nakrájených švestek nebo zralých rajčat
2 jalapeňos nebo jiné středně pálivé papričky nakrájené najemno
1 lžíce chilli prášku (volitelně)
1 lžička pražených semen kmínu
1 lžička worcesterské omáčky
sůl a čerstvě mletý černý pepř podle chuti

Smíchejte všechny ingredience kromě soli a pepře v pomalém hrnci. Přikryjte a vařte na vysoké teplotě 4 až 6 hodin. Dochuťte solí a pepřem.

Chilli s Rajasem

Někteří tvrdí, že papričky raja mirchi jsou nejpálivější na světě!

Na 8 porcí

2 cibule

700 g / 1½ lb libového mletého hovězího masa

2 plechovky po 400 g / 14 oz fazolí, scezené a opláchnuté

2 plechovky po 400 g / 14 oz nakrájených rajčat

½ lžičky mletého kmínu

1-2 polévkové lžíce chilli

½ – 1 lžička jemně nasekaných chilli vloček

2 papriky poblano, nakrájené na tenké plátky

1-2 lžíce olivového oleje

sůl a čerstvě mletý černý pepř podle chuti

Cibuli nakrájíme nadrobno. Hovězí maso opékejte na velké, lehce naolejované pánvi, dokud nezhnědne, asi 10 minut a rozdrobte vidličkou. Smíchejte se zbývajícími přísadami, kromě oleje, soli, pepře, chilli a zbývající cibule, v pomalém hrnci. Přikryjte a vařte na mírném ohni 6 až 8 hodin. Zbylou cibuli nakrájíme nadrobno. Papriky smažte na olivovém oleji na pánvi na středním plameni, dokud nezměknou a cibule nezkaramelizuje, 15-20 minut. Masovou směs dochutíme solí a pepřem a chilli směs solí. Vrchní masovou směs s chilli směsí.

Habanero pepř

Nahraďte papričku jalapeño, pokud dáváte přednost jemnější chuti.

pro 4 osoby

100 g vepřové klobásy, bez střev
olej, na mazání
400 g / 14 oz plechovka sekaných rajčat
400g/14oz smažené fazole
1 velká cibule nakrájená
1 středně zelená paprika, nakrájená
¼ – ½ habanero nebo jiné feferonky nakrájené nadrobno
1 lžíce chilli prášku
1 lžička mletého kmínu
sůl podle chuti
250 ml / 8 fl oz zakysané smetany

Na malé, lehce vymazané pánvi opékejte klobásu, dokud nezhnědne, asi 5 minut a rozdrobte vidličkou. Smíchejte klobásu a zbývající přísady, kromě soli a zakysané smetany, v pomalém hrnci. Přikryjte a vařte na mírném ohni 4 až 5 hodin. Dochutíme solí. Podávejte se zakysanou smetanou.

Chile Rio Grande

Spousta cibule a kombinace mletého hovězího masa a masa nakrájeného na kostičky dodávají tomuto chilli spoustu chuti a textury.

pro 12 osob

450 g / 1 libra libového mletého hovězího masa
900 g / 2 lb libového vepřového masa, kostky (2 cm / ¾ palce)
400 ml / 14 fl oz hovězího vývaru
2 x 400 g konzervy fazolí, scezené a propláchnuté
2 plechovky po 400 g / 14 oz nakrájených rajčat
350 ml / 12 fl oz piva nebo rajčatové šťávy
100 g / 4 oz zelené chilli papričky ze sklenice, nasekané
8 nakrájených cibulí
6 stroužků česneku, mletého
25 g / 1 oz chilli prášek (volitelně)
1 lžíce mletého kmínu
2 lžičky sušeného oregana
sůl a čerstvě mletý černý pepř podle chuti
1½ množství zakysané smetany s chilli koriandrem

Mleté hovězí maso opečte na velké, lehce naolejované pánvi na středním ohni dohněda a rozdrobte vidličkou. Smíchejte hovězí maso a zbývající přísady, kromě soli, pepře a koriandru, chilli zakysané smetany, v 5litrovém pomalém hrnci. Přikryjte a vařte na mírném ohni 6 až 8 hodin. Dochuťte solí a pepřem. Podávejte s kopečky zakysané smetany s chilli koriandrem.

Texas Hot Chili

Pikantní klobása, feferonky a spousta koření dělají toto chilli tak chutné.

Na 8 porcí

350 g / 12 oz pikantní vepřové klobásy, bez střev
700 g libového hovězího masa, nakrájeného nahrubo
400 g / 14 oz plechovka sekaných rajčat
400 ml / 14 fl oz hovězího vývaru
400 g / 14 oz rajčatová omáčka ze sklenice
400 g / 14 oz fazole, scezené a propláchnuté
400 g cizrny, scezené a propláchnuté
100 g / 4 oz nakrájené zelené chilli papričky ze sklenice s tekutinou
1 velká cibule nakrájená
1 střední nebo jalapeno papričká, jemně nasekaná
2 polévkové lžíce chilli
½ lžičky mletého kmínu
½ lžičky koriandru
1 lžíce worcesterské omáčky s nízkým obsahem sodíku
sůl a kajenský pepř podle chuti
Tabasco omáčka, podle chuti

Klobásu a mleté hovězí maso opékejte na velké, lehce naolejované pánvi na středním plameni, dokud nezhnědnou, asi 10 minut a rozdrobte vidličkou. Smíchejte hovězí maso a zbývající přísady kromě soli, kajenského pepře a omáčky Tabasco v 5litrovém pomalém hrnci. Přikryjte a vařte na mírném ohni 6 až 8 hodin. Dochuťte solí, kajenským pepřem a omáčkou Tabasco.

Italské chilli

Pikantní feferonky jsou lahodným doplňkem k vepřovému a hovězímu masu.

Na 8 porcí

350 g / 12 oz pikantní vepřové klobásy, bez střev
600 g / 1 lb 6 oz libové mleté hovězí maso
100 g / 4 oz nakrájené papriky
400 g / 14 oz plechovka sekaných rajčat
400 ml / 14 fl oz hovězího vývaru
400 g / 14 oz rajčatová omáčka ze sklenice
400 g / 14 oz fazole, scezené a propláchnuté
400 g cizrny, scezené a propláchnuté
1 velká cibule nakrájená
2 polévkové lžíce chilli
1-1½ lžičky sušeného italského koření
1 lžíce worcesterské omáčky
sůl podle chuti
kajenský pepř, podle chuti
Tabasco omáčka, podle chuti

Klobásu a mleté hovězí maso opékejte na velké, lehce naolejované pánvi na středním plameni, dokud nezhnědnou, asi 10 minut a rozdrobte vidličkou. Smíchejte hovězí maso a zbývající přísady kromě soli, kajenského pepře a omáčky Tabasco v 5litrovém pomalém hrnci. Přikryjte a vařte na mírném ohni 6 až 8 hodin. Dochuťte solí, kajenským pepřem a omáčkou Tabasco.

Mesquite kuřecí chilli

Toto neobvyklé a lahodné jídlo z Tex-Mex osloví dobrodruhy!

pro 4 osoby

350 g / 12 oz kuřecí prsní řízky bez kůže, na kostky
2 plechovky po 400 g / 14 oz nakrájených rajčat
400 g / 14 oz fazole, scezené a propláchnuté
225 g / 8 oz rajčat, hrubě nakrájených
2 malé nakrájené cibule
1 poblano paprika, jemně nasekaná
2 polévkové lžíce chilli
2 lžičky nasekaného česneku
1 lžička mesquite s příchutí kouře
sůl a čerstvě mletý černý pepř podle chuti

Smíchejte všechny ingredience kromě soli a pepře v pomalém hrnci. Přikryjte a vařte na mírném ohni 6 až 8 hodin. Dochuťte solí a pepřem.

Poblano Chili hovězí maso

Mleté hovězí maso, jemné chilli a směs koření z něj dělají oblíbeného rychlého občerstvení.

pro 4 osoby

450 g / 1 lb libového mletého hovězího masa
400 g / 14 oz plechovka sekaných rajčat
400 g / 14 oz fazolí cannellini, scezených a propláchnutých
1 velká cibule nakrájená
1 malé poblano chile nebo jiné jemné chile, jemně nasekané
1 větev nakrájeného celeru
39g balení směsi chilli koření
Tortilla klínky (viz vpravo)

Smíchejte všechny ingredience kromě tortilly v pomalém hrnci. Přikryjte a vařte na mírném ohni 6 až 8 hodin. Podávejte s tortillami.

Snadná chilli tortilla

Tortilla chipsy zde dodávají křupavost a texturu.

Na 8 porcí

225 g / 8 oz libové mleté hovězí maso
olej, na mazání
900 ml / 1 ½ pinty hovězího vývaru
450 g / 1 libra připravená střední nebo jemná omáčka
400 g / 14 oz fazole, scezené a propláchnuté
4 nakrájené cibule
175g/6oz sladká kukuřice, rozmražená, pokud je zmrazená
1 lžička chilli prášku
100 g / 4 oz tortilla chips, drcené
sůl a čerstvě mletý černý pepř
50 g / 2 oz strouhaný sýr čedar

Hovězí maso vařte ve velké, lehce naolejované pánvi na středním plameni, dokud nezhnědne, asi 5 minut a rozdrobte vidličkou. Smíchejte maso, vývar, omáčku, fazole, cibuli, sladkou kukuřici a chilli prášek v 5,5litrovém pomalém hrnci. Přikryjte a vařte na mírném ohni 6 až 8 hodin. Přidejte tortilla chipsy. Dochuťte solí a pepřem. Posypeme sýrem.

tortilla klíny

Vynikající s mexickými pokrmy.

Pro 4 osoby jako doprovod

2 x 15 cm / 6 moučných tortil
25 g/1 oz chilli sýr, strouhaný
25g/1oz strouhaného sýra čedar
3 nakrájené jarní cibulky
25 g / 1 oz jemná nebo pálivá omáčka
zakysaná smetana, na ozdobu

Tortilly položte na plech. Posypeme kombinovanými sýry a jarní cibulkou. Pečte při 230ºC / plyn 8 / horkovzdušná trouba 210ºC, dokud okraje tortilly nebudou zlatavě hnědé a sýr se nerozpustí, 5-7 minut. Každou tortillu nakrájejte na šest klínků. Naplňte každý 1 lžičkou omáčky a malým kopečkem zakysané smetany.

Texas Two Step Chile

V tomto jednoduchém a chutném pokrmu se snoubí vepřové a krůtí maso. Čerstvý koriandr dodává podmanivou pikantnost.

pro 4 osoby

225 g / 8 oz libové mleté vepřové maso
225 g nakrájených krůtích prsou
8 jarních cibulek, nakrájených na plátky
olej, na mazání
400 g / 14 oz konzerva chilli fazolí, neodkapané
450 g / 1 lb rajčat, nakrájených
1 malé jalapeňo nebo jiné středně pálivé chilli papričky zbavené semínek a nakrájené najemno
sůl podle chuti
nasekaný čerstvý koriandr, na ozdobu

Vepřové maso, krůtí maso a jarní cibulku vařte ve velké, lehce naolejované pánvi na středně vysokém ohni, dokud maso nezhnědne, asi 8 minut, rozdrobte vidličkou. Masovou směs a zbývající ingredience kromě soli smícháme v pomalém hrnci. Přikryjte a vařte na mírném ohni 5-6 hodin. Sezóna. Posypte každou misku polévky čerstvým koriandrem.

chilli taco

Kukuřici lze nalézt na etnických trzích nebo u specializovaných prodejců, nebo můžete místo ní přidat plechovku fazolí cannellini.

Na 8 porcí

900 g / 2 lb libového mletého hovězího masa
olej, na mazání
400 g / 14 oz plechovka fazolí, scezená a propláchnutá
400 g mleté kukuřice, scezené a propláchnuté
400 g/14 oz plechovka nakrájených rajčat, neodkapaných
275 g / 10 oz konzervovaných sekaných chilli rajčat, se šťávou
225 g konzervované kukuřice, scezené
1 velká cibule nakrájená
2 nakrájené řapíky celeru
35 g balení taco kořenící směsi
1 rozdrcený stroužek česneku
½ lžičky sušeného tymiánu
Obloha: zakysaná smetana, strouhaný sýr čedar, taco chipsy

Mleté hovězí maso opečte na velké, lehce naolejované pánvi, dokud nezhnědne, asi 10 minut a rozdrobte vidličkou.

Smíchejte maso a zbývající přísady v pomalém hrnci. Přikryjte a vařte na mírném ohni 6 až 8 hodin. Podávejte s oblohou.

Zapečené tortilla chipsy

Udělejte si vlastní tortilla chipsy, je to tak snadné.

Pro 6 osob jako doprovod

6 x 15 cm / 6 kukuřičných tortil
sprej na vaření zeleniny
špetka mletého kmínu
špetka chilli
špetka sušeného oregana
špetka papriky
sůl a kajenský pepř podle chuti

Každou tortillu nakrájejte na osm klínků. Uspořádejte v jedné vrstvě na plech. Tortilly postříkejte sprejem na vaření. Lehce posypte kombinovaným kořením, paprikou, solí a kajenským pepřem. Pečte při 180ºC / plyn 4 / horkovzdušná trouba 160ºC do světle zlatohnědé barvy, 5-7 minut.

chilli krém

Chilli, které je trochu jiné, vyrobené z polévky z konzervy!

za 6

1 libra/450 g kuřecích prsních řízků bez kůže, nakrájených na kostky (2 cm/¾ palce)
275 g / 10 oz připravené kuřecí smetany
120 ml / 4 fl oz připravené rajčatové omáčky
1 nakrájená cibule
3 nakrájené jarní cibulky
½ jemně nasekané červené papriky
1 malé jalapeňo nebo jiné středně pálivé chilli papričky zbavené semínek a nakrájené najemno
2 stroužky česneku, mleté
100 g nasekaných zelených chilli papriček ze sklenice, okapaných
1 lžíce chilli prášku
½ lžičky mletého kmínu
250 ml / 8 fl oz polotučné mléko
sůl a čerstvě mletý černý pepř podle chuti

50 g sýra Monterey Jack nebo Cheddar, strouhaného
Zapečené tortilla chipsy (viz vlevo)

Smíchejte všechny ingredience kromě mléka, soli, pepře, sýra a smažených tortillových lupínků v pomalém hrnci. Přikryjte a vařte na nízké teplotě po dobu 6 až 8 hodin, na posledních 20 minut přidejte mléko. Dochuťte solí a pepřem. Posypte každou misku chilli sýrem. Podáváme se smaženými tortilla chipsy.

chilli krtek

Toto chilli má zajímavou chuť tradičního mexického krtka. Použijte kuřecí, vepřové nebo hovězí maso nebo kombinaci všech tří druhů masa.

za 6

450 g libového vepřového masa zbaveného tuku, nakrájeného na kostičky
250 ml / 8 fl oz kuřecího vývaru
400 g / 14 oz plechovka sekaných rajčat
400 g / 14 oz plechovka černých fazolí, scezená a propláchnutá
krtčí omáčka
sůl a čerstvě mletý černý pepř podle chuti
Guacamole (viz níže)
nasekaný čerstvý koriandr, na ozdobu

Smíchejte všechny ingredience kromě soli, pepře a guacamole v pomalém hrnci. Přikryjte a vařte na mírném ohni 6 až 8 hodin. Dochuťte solí a pepřem. Posypte každou misku chilli guacamole. Bohatě posypte čerstvým koriandrem.

guacamole

Tradiční s chilli pokrmy.

Pro 6 osob jako doprovod

1 zralé avokádo, hrubě nasekané
½ malé cibule, nakrájené nadrobno
½ jalapeno nebo jiné chilli papričky na středním plameni,
zbavené semínek a nakrájené nadrobno
1 lžíce nadrobno nasekaného čerstvého koriandru
Tabasco omáčka, podle chuti
sůl podle chuti

Smíchejte avokádo, cibuli, chilli a koriandr. Dochutíme omáčkou Tabasco a solí.

Zelené Chile

Toto „zelené chilli" se vyrábí z tomatillos, známých také jako mexická zelená rajčata. Jsou k dostání v konzervách na etnických trzích a u specializovaných prodejců.

Na 8 porcí

450 g libového vepřového masa bez kosti, nakrájeného na kostičky (1 cm)

900 ml / 1½ pinty kuřecího vývaru

2 x 400 g plechovky fazolí cannellini, scezené a propláchnuté

100–225 g / 4–8 oz zelených chilli papriček ze sklenice, nakrájené na kostičky

250 ml / 8 fl oz vody

900g/2lb konzervovaná tomatillos, na čtvrtky

2 velké cibule, nakrájené na tenké plátky

6 až 8 stroužků česneku, nasekaných

2 lžičky mletého kmínu

25g/1oz čerstvého koriandru, nasekaného

Zakysaná smetana s chilli koriandrem (viz níže)

Smíchejte všechny ingredience kromě koriandru a zakysané smetany s chilli koriandrem v 5litrovém pomalém hrnci. Přikryjte a vařte na mírném ohni 6 až 8 hodin. Přidejte koriandr. Podávejte se zakysanou smetanou s chilli koriandrem.

Cilantro chilli zakysaná smetana

Chutné ke kořeněným jídlům.

Pro 8 osob jako příloha

120 ml zakysané smetany
1 lžíce nasekaného čerstvého koriandru
1 lžička jemně nakrájeného nakládaného jalapeña nebo jiného středně pálivého chilli

Smíchejte všechny ingredience.

Mexická klobása

Toto není recept na pomalý hrnec, ale tvoří základ mnoha lahodných pokrmů, jako jsou ty níže.

za 6

½ lžičky semínek koriandru, drcených
½ lžičky semínek kmínu, drceného
olej, na mazání
2 sušené ancho papričky nebo jiné středně pálivé papričky
700 g vepřové panenky nadrobno nakrájené nebo nakrájené
4 stroužky česneku, nakrájené nadrobno
2 lžíce papriky
2 lžíce jablečného octa
2 polévkové lžíce vody
1 lžička sušeného oregana
½ lžičky soli

Semínka koriandru a kmínu vařte v malé, lehce naolejované pánvi na středním plameni za častého míchání, dokud nejsou

opečené, 2–3 minuty. Vyjměte z pánve a dejte stranou.
Přidejte ancho chilli do pánve. Vařte na středním plameni do měkka, asi 1 minutu z každé strany, přičemž chilli papričky často otáčejte, aby se nepřipálily. Odstraňte a vyhoďte stonky, žilky a semena. Nakrájejte najemno. Smíchejte všechny ingredience, dobře promíchejte.

Mexické Chorizo Chile

Chorizo může být použito v mnoha mexických receptech nebo z něj lze vytvořit empanadas a vařit jako hlavní jídlo k večeři.

za 6

Mexické chorizo (viz výše)
1 nakrájená cibule
olej, na mazání
2 plechovky po 400 g / 14 oz nakrájených rajčat
2 400g/14oz plechovky pinto nebo černé fazole, scezené a opláchnuté
sůl a pepř na dochucení

Mexické chorizo a cibuli vařte ve velké, lehce naolejované pánvi na středním plameni, dokud nezhnědnou, 8 až 10 minut, vloupejte vidličkou. Vložte chorizo a zbytek ingrediencí, kromě soli a pepře, do pomalého hrnce. Přikryjte a vařte na mírném ohni 4 až 6 hodin. Dochuťte solí a pepřem.

Sýr a bílé chilli s červenou rajčatovou omáčkou

Toto bílé chilli je extra krémové přidáním zakysané smetany a sýru Monterey Jack nebo Cheddar.

Na 8 porcí

700 g kuřecích prsních řízků bez kůže, nakrájených na kostičky
2 x 400 g plechovky fazolí cannellini, scezené a propláchnuté
400 ml / 14 fl oz kuřecího vývaru
100g/4oz nakrájené zelené chilli papričky ze sklenice, okapané
4 nakrájené cibule
1 lžíce nasekaného česneku
1 lžíce sušeného oregana
1 lžička mletého kmínu
250 ml / 8 fl oz zakysané smetany
225 g sýra Monterey Jack nebo Cheddar, strouhaného
sůl a kajenský pepř podle chuti

červená rajčatová omáčka

Smíchejte všechny ingredience kromě zakysané smetany, sýra, soli, kajenského pepře a omáčky z červených rajčat v pomalém hrnci. Přikryjte a vařte na mírném ohni 6 až 8 hodin. Přidejte zakysanou smetanu a sýr, míchejte, dokud se sýr nerozpustí. Dochuťte solí a kajenským pepřem. Podávejte s omáčkou z červených rajčat.

červená rajčatová omáčka

Lahodná omáčka s pikantním nádechem.

Pro 8 osob jako příloha

2 velká rajčata, nakrájená
1 malá cibule nakrájená nadrobno
1 zelená paprika nakrájená nadrobno
2 polévkové lžíce jemně nasekané chilli poblano nebo jiné jemné chilli
1 rozdrcený stroužek česneku
2 lžíce najemno nasekaného čerstvého koriandru
sůl podle chuti

Všechny ingredience smícháme, dochutíme solí.

ranč chile

Vydatná chilli papričká s příchutí divokého západu. Jednoznačně pro kluky!

za 6

450 g / 1 libra libového mletého hovězího masa
100g/4oz uzená klobása, nakrájená na plátky
olej, na mazání
600 ml / 1 litr hovězího vývaru
250 ml piva nebo extra hovězího vývaru
450 g / 1 lb nakrájených rajčat, neodkapaných
400 g / 14 oz plechovka fazolí s chilli omáčkou
400 g / 14 oz plechovka fazolí, scezená a propláchnutá
1 nakrájená cibule
1 zelená paprika nakrájená nadrobno
1 paprička jalapeňo, jemně nasekaná
3 velké stroužky česneku, nasekané nadrobno
1 lžíce mletého kmínu
3 lžíce chilli nebo podle chuti
1 lžička sušeného oregana
sůl a čerstvě mletý černý pepř
zakysaná smetana, na ozdobu

Hovězí maso a klobásu vařte na vymaštěné pánvi na středním plameni, dokud nezhnědnou, asi 8 minut, rozdrobte vidličkou. Smíchejte se zbývajícími přísadami, kromě soli a pepře, v pomalém hrnci. Přikryjte a vařte na mírném ohni 6 až 8 hodin. Dochuťte solí a pepřem. Každou porci zalijte kopečkem zakysané smetany.

Žlutá squash a chilli fazole Cannellini

Toto živé chilli, plné zeleniny a vepřového masa, je skvělým rodinným jídlem. Místo máslové dýně můžete použít žlutou dýni.

za 6

450 g / 1 lb libového mletého vepřového masa

olej, na mazání

1 litr / 1¾ pinty kuřecího vývaru

250 ml / 8 fl oz suchého bílého vína nebo kuřecího vývaru

100g/4oz Sušené fazole Cannellini

100 g / 4 unce sušené cizrny

2 nakrájené cibule

1 jemně nakrájená žlutá paprika

100 g pórku, nakrájeného na tenké plátky

175 g / 6 oz žlutá letní dýně, jako placička, nakrájená na kostičky

175 g voskových brambor, oloupaných a nakrájených na kostičky

2 stroužky česneku, mleté

2 čajové lžičky jemně nasekané jalapeňo nebo jiné jemně pálivé chilli papričky

2 lžičky semínek kmínu

1 lžička sušeného oregana
1 lžička chilli prášku
½ lžičky mletého koriandru
½ lžičky mleté skořice
1 bobkový list
sůl a čerstvě mletý černý pepř podle chuti
1 malé rajče, nakrájené nadrobno
2 jarní cibulky, nakrájené na tenké plátky
3 lžíce jemně nasekaného čerstvého koriandru

Vepřové maso opékejte na velké, lehce naolejované pánvi, dokud nezhnědne, asi 8 minut a rozdrobte vidličkou. Smíchejte vepřové maso a zbývající přísady kromě soli, pepře, nakrájených rajčat, jarní cibulky a čerstvého koriandru v 5litrovém pomalém hrnci. Přikryjte a vařte na mírném ohni, dokud fazole nezměknou, 7 až 8 hodin. Dochuťte solí a pepřem. Bobkový list vyhoďte. Posypte každou misku chilli rajčat, jarní cibulkou a čerstvým koriandrem.

středomořské chilli

Tento twist na standardní chilli recept je plný zdravé zeleniny a luštěnin.

za 6

450 g / 1 lb libového mletého jehněčího nebo hovězího masa

olej, na mazání

1 litr / 1¾ pinty kuřecího vývaru

250 ml / 8 fl oz suchého bílého vína nebo kuřecího vývaru

100g/4oz Sušené fazole Cannellini

100 g / 4 unce sušené cizrny

2 nakrájené cibule

1 jemně nakrájená žlutá paprika

200 g Kalamaty nebo jiných černých oliv, nakrájených na plátky

100 g pórku, nakrájeného na tenké plátky

175 g žluté letní tykve, jako je placička nebo žlutá cuketa, nakrájené na kostičky

175 g voskových brambor, oloupaných a nakrájených na kostičky

2 stroužky česneku, mleté

2 čajové lžičky jemně nasekané jalapeño nebo jiné jemně pálivé chilli papričky

2 lžičky semínek kmínu

1 lžička sušeného oregana

1 lžička chilli prášku

½ lžičky mletého koriandru

½ lžičky mleté skořice

1 bobkový list

sůl a čerstvě mletý černý pepř podle chuti

175 g / 6 uncí kuskusu

1 malé rajče, nakrájené nadrobno

2 jarní cibulky, nakrájené na tenké plátky

3 lžíce jemně nasekaného čerstvého koriandru

6 lžic rozdrobeného sýra feta

Jehněčí nebo hovězí maso opékejte na velké, lehce naolejované pánvi, dokud nezhnědne, asi 8 minut a rozdrobte vidličkou. Smíchejte maso a zbývající přísady, kromě soli, pepře, nakrájených rajčat, jarní cibulky, čerstvého koriandru, kuskusu a fety, v 5litrovém pomalém hrnci. Přikryjte a vařte na mírném ohni, dokud fazole nezměknou, 7 až 8 hodin. Dochuťte solí a pepřem. Kuskus připravíme podle návodu na obalu. Bobkový list z chilli směsi vyhoďte. Podávejte chilli ke kuskusu a každou porci posypte rajčaty, jarní cibulkou, čerstvým koriandrem a sýrem feta.

Chilli S Fazolemi

Toto snadné chilli z hovězího a krůtího masa je ideální pro návrat domů na konci náročného dne.

Na 8 porcí

450 g / 1 libra libového mletého hovězího masa
450 g / 1 libra mletého krůtího masa
olej, na mazání
2 velké cibule, nakrájené
3 stroužky česneku, nasekané
175g / 6oz rajčatový protlak
550 g ochucené rajčatové omáčky ze sklenice
2 plechovky po 400 g / 14 oz fazolí, scezené a opláchnuté
2 lžíce chilli nebo podle chuti
1 lžička sušeného oregana
sůl a čerstvě mletý černý pepř podle chuti

Mleté hovězí a krůtí maso vařte ve velké, lehce naolejované pánvi na středním ohni, dokud maso nezhnědne, asi 10 minut, přičemž maso nalámejte vidličkou. Smíchejte hovězí maso a zbývající přísady, kromě soli a pepře, v pomalém hrnci. Přikryjte a vařte na mírném ohni 6 až 8 hodin. Dochuťte solí a pepřem.

Černá a bílá fazole chilli

Toto chilli, vyrobené z černých fazolí a cannellini, je zvýrazněno chutí a barvou sušenými rajčaty.

pro 4 osoby

350 g / 12 oz libové mleté hovězí maso
olej, na mazání
2 plechovky po 400 g / 14 oz nakrájených rajčat
400 g / 14 oz fazolí cannellini, scezených a propláchnutých
400g/14oz plechovka černých fazolí nebo fazolí, scezená a propláchnutá
2 nakrájené cibule
½ jemně nasekané zelené papriky
15 g/oz sušených rajčat (ne v oleji), nakrájených
1 jalapeňo nebo jiná středně pálivá chilli papričká nakrájená najemno
2 stroužky česneku, mleté
2-3 lžíce chilli nebo podle chuti
1-1½ lžičky mletého kmínu

1-1 ½ lžičky sušeného oregana
1 bobkový list
sůl a čerstvě mletý černý pepř podle chuti
15 g/oz čerstvého koriandru, jemně nasekaného

Hovězí maso vařte ve velké, lehce naolejované pánvi na středním plameni, dokud nezhnědne, 8 až 10 minut a rozdrobte vidličkou. Smíchejte hovězí maso a zbývající přísady, kromě soli, pepře a čerstvého koriandru, v pomalém hrnci. Přikryjte a vařte na mírném ohni 6 až 8 hodin. Bobkový list vyhoďte. Dochuťte solí a pepřem. Přidejte čerstvý koriandr.

Chilli s fazolemi a pivem

Toto chilli je velmi jednoduché na přípravu. Pivo dodává omáčce chuť, která se zdokonaluje při dlouhém vaření.

za 6

450 g / 1 libra libového mletého hovězího masa
olej, na mazání
600 ml / 1 litr hovězího vývaru
250 ml piva
450 g / 1 lb nakrájených rajčat, neodkapaných
400 g / 14 oz plechovka fazolí s chilli omáčkou
400 g / 14 oz plechovka fazolí, scezená a propláchnutá
3 velké stroužky česneku, nasekané nadrobno
1 lžíce mletého kmínu
3 lžíce chilli nebo podle chuti
1 lžička sušeného oregana
sůl a čerstvě mletý černý pepř podle chuti

Mleté hovězí maso vařte ve velké, lehce naolejované pánvi na středním plameni, dokud nezhnědne, asi 8 minut a rozdrobte vidličkou. Smíchejte mleté hovězí maso a zbývající ingredience kromě soli a pepře v pomalém hrnci. Přikryjte a vařte na mírném ohni 6 až 8 hodin. Dochuťte solí a pepřem.

Kořeněné Fazolové Chilli S Fusilli

Použijte své oblíbené tvary fazolí a těstovin v tomto všestranném chilli.

Na 8 porcí

450 g / 1 libra libového mletého hovězího masa
olej, na mazání
2 plechovky po 400 g / 14 oz nakrájených rajčat s česnekem
400g/14oz plechovka cizrny, okapaná a propláchnutá
400 g / 14 oz fazole, scezené a propláchnuté
4 nakrájené cibule
100 g žampionů nakrájených na plátky
1 řapíkatý celer, nakrájený na plátky
120 ml / 4 fl oz bílého vína nebo vody
2 lžíce chilli nebo podle chuti
¾ lžičky sušeného oregana
¾ lžičky sušeného tymiánu
¾ lžičky mletého kmínu

225 g / 8 oz fusilli, vařené
sůl a čerstvě mletý černý pepř podle chuti
3-4 lžíce nasekaných zelených nebo černých oliv

Hovězí maso vařte ve velké, lehce naolejované pánvi na středním plameni, dokud nezhnědne, 8 až 10 minut a rozdrobte vidličkou. Smíchejte maso a další přísady kromě fusilli, soli, pepře a oliv v 5,5litrovém pomalém hrnci. Přikryjte a vařte na nízké teplotě 6 až 8 hodin a na posledních 20 minut přidejte těstoviny. Dochuťte solí a pepřem. Každou misku polévky posypte olivami.

čočka Chilli Se Slaninou A Pivem

Limetka, pivo a slanina dělají toto chilli jinak a lahodně.

pro 4 osoby

750 ml / 1 ¼ pinty hovězího vývaru
250 ml / 8 fl oz piva nebo hovězího vývaru
75 g / 3 unce sušené čočky, opláchnuté
75 g / 3 oz suché černé fazole, propláchnuté
1 střední cibule nakrájená
3 velké stroužky česneku, nasekané nadrobno
1 polévková lžíce najemno nakrájeného jalapeňa nebo jiné jemně pálivé chilli papričky
1 lžíce chilli prášku
1 lžička mletého kmínu
1 lžička sušeného rozmarýnu, drceného
225 g konzervovaných sekaných rajčat
šťáva z 1 limetky

sůl a čerstvě mletý černý pepř podle chuti
4 plátky slaniny, opečené do křupava a drobivosti

Smíchejte všechny ingredience kromě rajčat, citronové šťávy, soli, pepře a slaniny v pomalém hrnci. Přikryjte a vařte na vysoké teplotě, dokud fazole nezměknou, 5 až 6 hodin, během posledních 30 minut přidejte rajčata. Přidejte limetkovou šťávu. Dochuťte solí a pepřem. Každou misku chilli posypeme slaninou.

Zeleninové a čočkové chilli

Čočka dodává tomuto výživnému a uspokojivému bezmasému chilli skvělou texturu.

pro 4 osoby

1 litr / 1¾ pinty zeleninového vývaru
250 ml / 8 fl oz vody
400 g / 14 oz plechovka sekaných rajčat
130 g / 4½ unce suché hnědé čočky
100g/4oz sladká kukuřice, rozmražená, pokud je zmrazená
2 nakrájené cibule
1 červená nebo zelená paprika nakrájená nadrobno
1 malá mrkev, nakrájená na plátky
½ řapíkatého celeru, nakrájené na plátky
1 rozdrcený stroužek česneku
½ – 1 polévková lžíce chilli
¾ lžičky mletého kmínu
1 bobkový list
sůl a čerstvě mletý černý pepř podle chuti

Smíchejte všechny ingredience kromě soli a pepře v pomalém hrnci. Přikryjte a vařte na mírném ohni 6 až 8 hodin. Bobkový list vyhoďte. Dochuťte solí a pepřem.

Vegetariánské černé a bílé fazolové chilli

Bílé a černé fazole dodávají tomuto vegetariánskému chilli atraktivní texturu a vzhled. Teplá chuť pochází z pražených semen kmínu.

pro 4 osoby

450 ml/litr rajčatové šťávy
250 ml / 8 fl oz zeleninového vývaru
2 lžíce rajčatového protlaku
400 g / 14 oz plechovka černých fazolí, scezená a propláchnutá
400 g / 14 oz cannellini nebo zelených fazolek, scezené a propláchnuté
1 nakrájená cibule
1 jemné chilli papričky, zbavené semínek a nakrájené nadrobno
1 lžička papriky
1 lžička pražených semen kmínu
50 g / 2 oz divoká rýže, vařená
sůl a čerstvě mletý černý pepř podle chuti

Smíchejte všechny ingredience kromě divoké rýže, soli a pepře v pomalém hrnci. Přikryjte a vařte na mírném ohni 6 až 8 hodin a během posledních 30 minut přidejte divokou rýži. Dochuťte solí a pepřem.

Chilli fazole a sladká kukuřice

Toto snadné chilli je opravdu pálivé! Pro méně pikantní verzi vyměňte chilli fazole za plechovku scezeného a propláchnutého pinta nebo fazolí.

pro 4 osoby

400 g / 14 oz konzerva chilli fazolí
250 ml / 8 fl oz zeleninového vývaru
400 g / 14 oz plechovka sekaných rajčat
1 zelená paprika nakrájená nadrobno
100g/4oz sladká kukuřice, rozmražená, pokud je zmrazená
1 nakrájená cibule
2 stroužky česneku, mleté
1-3 čajové lžičky chilli
sůl a čerstvě mletý černý pepř podle chuti

Smíchejte všechny ingredience kromě soli a pepře v pomalém hrnci. Přikryjte a vařte na mírném ohni 6 až 8 hodin. Dochuťte solí a pepřem.

chilli bez masa

Díky rozmanitosti zálivek je podávání tohoto chilli zábavné; přidejte také další polevy, jako jsou nakrájené papriky a rajčata a nasekané čerstvé oregano nebo čerstvý koriandr.

Podává se od 6 do 8

6 plechovek po 400 g / 14 oz nakrájených rajčat
400 g / 14 oz fazole, scezené a propláchnuté
175g / 6oz rajčatový protlak
175 ml / 6 fl oz piva nebo vody
350 g sójového mletého masa s příchutí Quorn nebo hovězího masa
2 nakrájené cibule
1 zelená paprika nakrájená nadrobno
2 stroužky česneku, mleté
1 lžíce světle hnědého cukru
1 lžíce kakaového prášku
1-2 polévkové lžíce chilli
1-2 lžičky mletého kmínu
1-2 lžičky sušeného oregana
¼ lžičky mletého hřebíčku
sůl a čerstvě mletý černý pepř podle chuti

polevy: strouhaný sýr, zakysaná smetana, na tenké plátky nakrájená jarní cibulka

Smíchejte všechny ingredience kromě soli a pepře v 5litrovém pomalém hrnci. Přikryjte a vařte na mírném ohni 6 až 8 hodin. Dochuťte solí a pepřem. Podávejte s dresinky.

chilli omeleta

Chutné rajčatové jídlo posypané tortilla chipsy.

Podává se od 6 do 8

6 plechovek po 400 g / 14 oz nakrájených rajčat
400 g / 14 oz plechovka černých nebo pinto fazolí, scezená a propláchnutá
175g / 6oz rajčatový protlak
175 ml / 6 fl oz piva nebo vody
350 g sójového mletého masa s příchutí Quorn nebo hovězího masa
2 nakrájené cibule
1 jalapeňo nebo jiná středně pálivá chilli paprička nakrájená najemno
1 zelená paprika nakrájená nadrobno
2 stroužky česneku, mleté
1 lžíce světle hnědého cukru
1 lžíce kakaového prášku
1-2 polévkové lžíce chilli
1-2 lžičky mletého kmínu

1-2 lžičky sušeného oregana
¼ lžičky mletého hřebíčku
sůl a čerstvě mletý černý pepř podle chuti
drcené tortilla chipsy a nasekané lístky čerstvého koriandru, ozdoba

Smíchejte všechny přísady kromě soli, pepře a ozdob v 5,5litrovém pomalém hrnci. Přikryjte a vařte na mírném ohni 6 až 8 hodin. Dochuťte solí a pepřem. Podávejte posypané tortilla chipsy a koriandrem.

Sladké bramborové hranolky

Pokud jste fanouškem mexického jídla, možná budete chtít přidat chipotle papričky (sušené a uzené papričky jalapeno) v adobo omáčce do vaší spíže. Jsou dostupné prostřednictvím specializovaných poskytovatelů. Před přidáním ochutnejte, protože mohou být velmi horké!

pro 4 osoby

2 400 g konzervy černých fazolí, scezené a propláchnuté
400 g / 14 oz plechovka sekaných rajčat
250 ml / 8 fl oz vody nebo zeleninového vývaru
500 g / 18 oz sladkých brambor, oloupaných a nakrájených na kostičky
2 nakrájené cibule
1 zelená paprika nakrájená nadrobno
1 cm / ½ v kuse čerstvý kořen zázvoru, jemně nastrouhaný

1 rozdrcený stroužek česneku
1 lžička semen kmínu, drceného
½ – 1 malá chipotle papričku v adobo omáčce, jemně nasekaná
sůl podle chuti

Smíchejte všechny ingredience kromě chipotle pepře a soli v pomalém hrnci. Přikryjte a vařte na nízké teplotě po dobu 6 až 8 hodin, během posledních 30 minut přidejte chipotle papričku. Dochutíme solí.

Aj de Artemisa s čerstvými rajčaty

Čerstvá rajčata a sušená šalvěj dodávají tomuto chilli šmrnc. Vyberte si zralá rajčata, která jsou v sezóně pro nejlepší chuť.

pro 4 osoby

2 400 g konzervy černookého hrášku, okapané a propláchnuté
750 g rajčat, nakrájených na měsíčky
4 jarní cibulky, nakrájené
8 stroužků česneku, nakrájených na tenké plátky
1 velká pálivá červená chilli papričku, opražená, zbavená semínek a nakrájená nadrobno
½ – 2 polévkové lžíce chilli
1 lžička mletého kmínu
1 lžička mletého koriandru

¾ lžičky sušené šalvěje

sůl a čerstvě mletý černý pepř podle chuti

Smíchejte všechny ingredience kromě soli a pepře v pomalém hrnci. Přikryjte a vařte na mírném ohni 8 až 9 hodin. Dochuťte solí a pepřem.

Černé fazole, rýže a sladké kukuřičné chilli

Chcete-li ochutnat mexickou kuchyni, použijte do tohoto rychlého a snadného vegetariánského chilli černé fazole, ale poslouží i fazole.

pro 4 osoby

2 plechovky po 400 g / 14 oz nakrájených rajčat

400 g / 14 oz plechovka černých fazolí, scezená a propláchnutá

50g/2oz sladká kukuřice, rozmražená, pokud je zmrazená

3 nakrájené cibule

1 velká červená paprika, jemně nasekaná

1 jalapeňo nebo jiná středně pálivá chilli papričká nakrájená najemno

3 stroužky česneku, nasekané

½ – 1 polévková lžíce chilli
1 lžička mletého nového koření
25g/1oz rýže, vařená
sůl a čerstvě mletý černý pepř podle chuti

Smíchejte všechny ingredience kromě rýže, soli a pepře v pomalém hrnci. Přikryjte a vařte na nízké teplotě po dobu 8 až 9 hodin, na posledních 15 minut přidejte rýži. Dochuťte solí a pepřem.

Chili omáčka

Připravenou omáčku je užitečné uchovávat ve skříni v obchodě, abyste těmto typům pokrmů dodali chuť a texturu.

pro 4 osoby

400 g / 14 oz plechovka sekaných rajčat
400 g / 14 oz fazole, scezené a propláchnuté
250 ml / 8 fl oz vody
120 ml / 4 fl oz připravené střední nebo pálivé omáčky
50g/2oz sladká kukuřice, rozmražená, pokud je zmrazená
½ – 1 polévková lžíce chilli

½ – 1 čajová lžička jalapeño nebo jiné středně pálivé chilli papričky, jemně nasekané

90 g kroupicového ječmene

sůl a čerstvě mletý černý pepř podle chuti

50 g zralého sýra čedar, nastrouhaného

Smíchejte všechny ingredience kromě ječmene, soli, pepře a sýra v pomalém hrnci. Přikryjte a vařte na mírném ohni 6 až 8 hodin, na posledních 40 minut přidejte ječmen. Dochuťte solí a pepřem. Každou misku posypte strouhaným sýrem.

Karibské Chile

Toto vydatné, bezmasé, třífazolové chilli je doplněno mangovou omáčkou. Podávejte s hnědou rýží, pokud chcete.

za 6

2 plechovky po 400 g / 14 oz nakrájených rajčat

400 g / 14 oz plechovka fazolí, scezená a propláchnutá

400 g / 14 oz fazolí cannellini, scezených a propláchnutých

400 g / 14 oz plechovka černých fazolí, scezená a propláchnutá

2 červené nebo zelené papriky, nakrájené nadrobno

2 nakrájené cibule

1 jalapeño nebo jiná středně pálivá chilli papričká nakrájená najemno

2 cm / ¾ na kousky čerstvý kořen zázvoru, jemně nastrouhaný

2 lžičky cukru

3 velké stroužky česneku, nasekané nadrobno

1 lžíce mletého kmínu

2 lžíce papriky

½ – 2 polévkové lžíce chilli

¼ lžičky mletého hřebíčku

1 lžíce limetkové šťávy

sůl a čerstvě mletý černý pepř podle chuti

Mango omáčka (viz níže)

Smíchejte všechny ingredience kromě soli, pepře a mangové omáčky v 5litrovém pomalém hrnci. Přikryjte a vařte na mírném ohni 6 až 8 hodin. Dochuťte solí a pepřem. Podáváme s mangovou omáčkou.

Mango omáčka

Lahodná sladko-pikantní omáčka ke kořeněným jídlům.

Pro 6 osob jako doprovod

1 mango nakrájené na kostičky
1 banán na kostky
15 g/oz čerstvého koriandru, nasekaného
½ malé jalapeño nebo jiné středně pálivé chilli papričky, jemně nasekané
1 lžíce koncentrátu ananasové nebo pomerančové šťávy
1 lžička limetkové šťávy

Smíchejte všechny ingredience.

Hovězí pečeně s Fettuccine

Tuto dokonale propečenou pečínku nakrájejte a podávejte s fettuccine.

Na 8 porcí

1 vykostěné hovězí maso, jako je vršek (asi 1,5 kg / 3 lbs)
sůl a čerstvě mletý černý pepř podle chuti
2 nakrájené cibule
120 ml / 4 fl oz hovězího vývaru
50g/2oz zmrazené petits pois, rozmražené
1 lžíce kukuřičné mouky
2 polévkové lžíce vody
50 g / 2 oz čerstvě nastrouhaného parmazánu nebo sýra Romano
450 g / 1 libra fettuccine, vařené, horké

Maso lehce posypeme solí a pepřem. Vložte do pomalého hrnce s cibulí a vývarem. Vložte teploměr na maso tak, aby špička byla ve středu pečeně. Přikryjte a vařte na mírném ohni, dokud teploměr masa nezaznamená 68ºC, aby se maso vařilo na středním ohni, asi 4 hodiny. Přendejte na servírovací talíř a volně přikryjte fólií.

Přidejte hrášek do pomalého hrnce. Přikryjte a vařte 10 minut na nejvyšší stupeň. Přidejte kombinovanou kukuřičnou mouku a vodu, míchejte 2-3 minuty. Přidejte sýr. Dochuťte solí a pepřem. Smícháme s fettuccine a podáváme k masu.

Pečená hovězí křenová omáčka

Pokud chcete, můžete místo parmezánu použít také sýr Romano. Použijte více nebo méně křenu, podle chuti.

Na 8 porcí

1 vykostěné hovězí maso, jako je vršek (asi 1,5 kg / 3 lbs)
sůl a čerstvě mletý černý pepř podle chuti
2 nakrájené cibule
120 ml / 4 fl oz hovězího vývaru
50g/2oz zmrazené petits pois, rozmražené
1 lžíce kukuřičné mouky
2 polévkové lžíce vody
50 g / 2 oz čerstvě nastrouhaného parmazánu
2 lžíce připraveného křenu
štědrá špetka kajenského pepře
250 ml / 8 fl oz husté smetany

Maso lehce posypeme solí a pepřem. Vložte do pomalého hrnce s cibulí a vývarem. Vložte teploměr na maso tak, aby špička byla ve středu pečeně. Přikryjte a vařte na mírném ohni, dokud teploměr masa nezaznamená 68ºC, aby se maso vařilo na středním ohni, asi 4 hodiny. Přendejte na servírovací talíř a volně přikryjte fólií.

Přidejte hrášek do pomalého hrnce. Přikryjte a vařte 10 minut na nejvyšší stupeň. Přidejte kombinovanou kukuřičnou mouku a vodu, míchejte 2-3 minuty. Přidejte parmazán. Dochuťte solí a pepřem. Smícháme křen, kajenský pepř a šlehačku a podáváme k masu.

sauerbraten

Čím déle můžete maso marinovat, tím bude chutnější. Mnoho receptů na klobásy neobsahuje zakysanou smetanu; přeskočte, pokud chcete.

Podává se od 8 do 10

450 ml/litr vody
250 ml / 8 fl oz suché červené víno
1 velká cibule, nakrájená na tenké plátky
2 lžíce koření na nakládání
12 celých hřebíčků
12 kuliček pepře
2 bobkové listy
1 ½ lžičky soli
1 vykostěné hovězí maso, jak je uvedeno výše, nebo stříbrná strana (asi 1,5 kg / 3 libry)
75 g / 3 oz sušenky se zázvorem, jemně mleté
150 ml/litr zakysané smetany
2 lžíce kukuřičné mouky

Ve velkém hrnci zahřejte vodu, víno, cibuli, koření a sůl k varu. Chladný. Směs nalijte na maso v pomalém hrnci. Sklenici dejte zakryté do lednice alespoň na 1 den.

Umístěte hrnec do pomalého hrnce. Přikryjte a vařte na mírném ohni 6 až 8 hodin. Maso přendejte na servírovací talíř a udržujte teplé. Do vývaru přidejte perníkové sušenky. Přidejte kombinovanou zakysanou smetanu a kukuřičnou mouku a míchejte 2 až 3 minuty. Omáčku podávejte na nakrájené maso.

Opečeme na pánvi

Pečené maso se zeleninou se nedá porazit jako jídlo v chladném počasí; pro extra chuť přidejte červené víno.

Na 8 porcí

1,5 kg / 3 lb steak na dušení
2 velké cibule, rozpůlené a nakrájené na plátky
1 balení cibulové polévkové směsi
450 g mrkve, nakrájené na silné plátky
1 kg voskových brambor, neoloupaných
½ malého zelí, nakrájeného na 6 až 8 měsíčků
sůl a čerstvě mletý černý pepř podle chuti
120 ml / 4 fl oz suchého červeného vína nebo hovězího vývaru

Maso naaranžujte na cibuli v 5,5litrovém/9½ pintovém pomalém hrnci a posypte polévkovou směsí. Zeleninu rozložte kolem masa a lehce posypte solí a pepřem. Přidejte víno nebo vývar, přikryjte a vařte na mírném ohni 6 až 8 hodin. Maso a zeleninu podávejte s vývarem nebo použijte k přípravě omáčky.

Poznámka: Pro přípravu omáčky odměřte vývar a nalijte do malého hrnce. Zahřívejte až do varu. Na každých 250 ml vývaru smíchejte 2 lžíce mouky smíchané s 50 ml studené vody, šlehejte do zhoustnutí, asi 1 minutu.

káva pražená

Oblíbený recept dobré přítelkyně, Judy Pompei, hovězí maso získává neuvěřitelnou bohatost přidáním kávy a sójové omáčky.

Na 10 porcí

2 velké cibule, nakrájené
1 vykostěné telecí maso, jako je kýta (asi 1,5 kg/3 libry)
250 ml / 8 fl oz silné kávy
50 ml / 2 fl oz sójové omáčky
1 rozdrcený stroužek česneku
1 lžička sušeného oregana
2 bobkové listy

Vložte polovinu cibule do pomalého hrnce. Navrch dejte zbylé maso a cibuli. Přidejte zbývající ingredience. Přikryjte a vařte na mírném ohni 6 až 8 hodin. Maso podáváme s vývarem.

Hovězí bourguignon

Toto je pohled Catherine Atkinson na tuto drsnou a velmi oblíbenou klasiku z francouzského regionu Burgundsko.

pro 4 osoby

175 g / 6 oz loupaná cibule, neloupaná

2 lžíce olivového oleje

100g/4oz bez kůrky strouhané uzené slaniny, nakrájené na malé kousky

100 g / 4 oz malých hub

2 stroužky česneku, mleté nebo 10 ml / 2 lžičky česnekového pyré

250 ml / 8 fl oz hovězího vývaru

700 g libového guláše nebo ribeye steaku, oříznutého a nakrájeného na 5 cm kostky

2 lžičky univerzální mouky

250 ml / 8 fl oz červeného vína

1 snítka čerstvého tymiánu nebo 2,5 ml / ½ lžičky sušeného tymiánu

1 bobkový list

sůl a čerstvě mletý černý pepř
2 lžíce nasekané čerstvé petrželky
smetanová bramborová kaše a zelená zelenina k podávání

Vložte cibuli do žáruvzdorné nádoby a zalijte ji dostatečným množstvím vařící vody, aby byla pokryta. Nechte působit 5 minut. Mezitím na pánvi rozehřejte 1 lžíci oleje, přidejte slaninu a opékejte, dokud lehce nezhnědne. Přendejte do pomalého hrnce děrovanou lžící a nechte za sebou všechen tuk a šťávu. Slijte cibuli a odstraňte slupky, když jsou dostatečně vychladlé, aby se daly zvládnout. Přidejte do pánve a vařte na mírném ohni, dokud nezačne hnědnout. Přidejte houby a česnek a vařte za stálého míchání 2 minuty. Přeneste zeleninu do hrnce. Zalijte vývarem, přikryjte poklicí a nastavte pomalý hrnec na vysoký nebo nízký.

Na pánvi rozehřejte zbývající olej a opečte hovězí kostky ze všech stran do tmavě hnědé barvy. Maso posypeme moukou a dobře promícháme. Postupně za stálého míchání přiléváme víno, dokud omáčka nezabublá a nezhoustne. Přidejte do pomalého hrnce s tymiánem, bobkovým listem, solí a pepřem.

Vařte kastrol na vysokou teplotu 3 až 4 hodiny nebo na nízkou teplotu 6 až 8 hodin, nebo dokud maso a zelenina nezměknou. Vyjměte snítku tymiánu a bobkový list. Posypeme petrželkou a podáváme se smetanovou bramborovou kaší a zelenou zeleninou.

grilovaná hruď

Tato lahodná hrudí se vyrábí se snadným bylinkovým dresinkem a pomalu se vaří v barbecue omáčce.

Na 10 porcí

1 hovězí hrudí, zbavená tuku (asi 1,5 kg)
potřít kořením
450 ml/litr připravené barbecue omáčky
50 ml / 2 fl oz červeného vinného octa
50 g / 2 unce světle hnědého cukru
2 střední cibule, nakrájené
120 ml / 4 fl oz vody
450 g / 1 libra fettuccine, vařené, horké

Hrudník potřete přípravkem Spice Rub a vložte do pomalého hrnce. Nalijte zbývající kombinované ingredience, kromě fettuccine. Přikryjte a vařte při nízké teplotě po dobu 6 až 8 hodin, na posledních 20 až 30 minut snižte teplotu na vysokou. Vyjměte hrudí na servírovací talíř a nechte asi 10 minut odpočívat zakryté fólií. Nakrájejte a podávejte s barbecue omáčkou a cibulí na fettuccine.

sendviče s grilovaným masem

Skromný sendvič se v tomto receptu promění v opravdovou hostinu.

Na 10 porcí

1 hovězí hrudí, zbavená tuku (asi 1,5 kg)
Bylinná mast (viz níže)
450 ml/litr připravené barbecue omáčky
50 ml / 2 fl oz červeného vinného octa
50 g / 2 unce světle hnědého cukru
2 střední cibule, nakrájené
120 ml / 4 fl oz vody
bageta nebo sendviče

zelný salát

Hrudník potřete přípravkem Spice Rub a vložte do pomalého hrnce. Smíchejte zbývající ingredience kromě baget nebo rohlíků a salátu coleslaw. Přikryjte a vařte při nízké teplotě po dobu 6 až 8 hodin, na posledních 20 až 30 minut snižte teplotu na vysokou. Vyjměte hrudí na servírovací talíř a nechte asi 10 minut odpočívat zakryté fólií. Prsa rozmačkáme vidličkou a smícháme s grilovací směsí. Maso nakrájejte lžící na dělené kousky bagety nebo srolujte a poklaďte salátem coleslaw.

potřít kořením

Ideální k masitým pokrmům.

Na 3 polévkové lžíce

2 lžíce najemno nasekané čerstvé petrželky
1 rozdrcený stroužek česneku
½ lžičky ochucené soli
½ lžičky mletého zázvoru
½ lžičky čerstvě nastrouhaného muškátového oříšku
½ lžičky pepře

Smíchejte všechny přísady, dokud se dobře nespojí.

Plněný flank steak s houbami

Náplň ze slaniny, žampionů a tymiánu chutná v jemně upečeném mase.

za 6

3 plátky slaniny
225 g hnědých žampionů, nakrájených na plátky
½ cibule, nakrájená
¾ lžičky sušeného tymiánu
sůl a čerstvě mletý černý pepř podle chuti
700 g hovězí svíčkové bez kosti
175 ml / 6 fl oz suchého červeného vína nebo hovězího vývaru
100 g / 4 oz rýže, vařená, horká

Na velké pánvi opečte slaninu do křupava. Sceďte a rozdrobte. Vyhoďte všechen tuk ze slaniny kromě 1 lžíce. Přidejte houby, cibuli a tymián na pánev a vařte do změknutí, 5-8 minut. Přidejte slaninu. Dochuťte solí a pepřem.

V případě potřeby maso potřete paličkou na maso do rovnoměrné tloušťky. Lžící nalijte na maso náplň a srolujte, dlouhou stranou napřed. Zajistěte krátkými špejlemi a vložte do pomalého hrnce. Přidejte víno nebo vývar. Přikryjte a vařte na mírném ohni 6 až 8 hodin. Nakrájejte a podávejte na rýži, navrch přelijte šťávou.

Kuřecí řízek na pivu

Marinování je klíčem k úspěchu tohoto jemného a šťavnatého masa.

slouží 4-6

1,25 kg / 2½ lb válcované hrudník
300 ml/pint světlé pivo
sůl a čerstvě mletý černý pepř
25 g hovězího masa, bílého rostlinného tuku nebo slunečnicového oleje
2 cibule, každou nakrájíme na 8 měsíčků
2 mrkve, nakrájené na čtvrtky

2 řapíkatý celer, nakrájené na silné plátky
2 snítky čerstvého tymiánu
2 bobkové listy
2 celé hřebíčky
150 ml vroucího hovězího vývaru
1 lžíce kukuřičného škrobu (kukuřičný škrob)

Vložte maso do dostatečně velké mísy, aby se vešlo, a zalijte pivem. Zakryjte a nechte marinovat v lednici alespoň 8 hodin nebo přes noc, pokud je to žádoucí, několikrát, pokud je to možné. Maso sceďte, pivo si odložte a osušte. Maso dobře osolte a opepřete. Ve velké těžké pánvi rozehřejte odkapávající rostlinný tuk nebo olej, dokud nebude horký. Přidejte maso, často otáčejte, dokud dobře nezhnědne. Umístěte maso na talíř.

Do pánve nalijte trochu tuku, poté přidejte cibuli, mrkev a celer. Smažte několik minut, dokud lehce nezhnědne a nezačne měknout. Umístěte jednu vrstvu zeleniny na dno keramické varné nádoby. Navrch položte maso a po stranách masa přidejte zbylou zeleninu. Přidejte tymián, bobkový list a hřebíček. Maso přelijeme pivní marinádou a poté masovým vývarem. Přikryjte pokličkou a vařte na mírném ohni 5 až 8 hodin, nebo dokud maso a zelenina nezměknou a nezměknou.

Maso otočte a během pečení jednou až dvakrát polijte omáčkou.

Vyjměte maso a položte na horký talíř nebo servírovací prkénko. Zakryjte fólií a nechte 10 minut odpočívat, než nakrájíte na silné plátky. Mezitím v keramickém hrnci odeberte tuk ze šťávy a omáčky. V hrnci smíchejte kukuřičný škrob s trochou studené vody, poté sceďte do vývaru (zeleninu si odložte, bobkové listy a tymián vyhoďte). Přiveďte k varu, šlehejte, dokud nebude bublat a zhoustnout. V případě potřeby ochutnejte a okořeňte. Bohatou omáčku podávejte k masu a zelenině.

Hovězí koláč plněný zeleninou

Maso bude po dlouhém pomalém vaření velmi křehké a díky této vzrušující zelenině bude krásně kypré.

za 6

40 g / 1½ oz žampionů, nakrájených na plátky

½ cibule, nakrájená

½ mrkve, nakrájené na plátky

50 g / 2 oz cukety, nakrájené

25g/1oz cukrová kukuřice, rozmražená, pokud je zmrazená

¾ lžičky sušeného rozmarýnu
1 lžíce olivového oleje
sůl a čerstvě mletý černý pepř podle chuti
700 g hovězí svíčkové bez kosti
400 g / 14 oz plechovka sekaných rajčat
100 g / 4 oz rýže, vařená, horká

Žampiony, cibuli, mrkev, cuketu, kukuřici a rozmarýn restujte na olivovém oleji na pánvi, dokud nezměknou, 5–8 minut. Dochuťte solí a pepřem.

V případě potřeby maso potřete paličkou na maso do rovnoměrné tloušťky. Lžící nalijte na maso náplň a srolujte, dlouhou stranou napřed. Zajistěte krátkými špejlemi a vložte do pomalého hrnce. Přidejte rajčata. Přikryjte a vařte na mírném ohni 6 až 8 hodin. Nakrájejte a podávejte na rýži, navrch přelijte šťávou.

hovězí uhličitan

K obohacení tohoto vyhlášeného belgického pokrmu vám stačí malé množství piva, proto je dobré vybrat si takové, které rádi pijete.

pro 4 osoby

700 g libového guláše nebo ribeye steaku, upravených
2 lžíce slunečnicového oleje
1 velká cibule, nakrájená na tenké plátky
2 stroužky česneku, mletý nebo 2 lžičky česnekového pyré
2 lžičky měkkého hnědého cukru
1 polévková lžíce mouky
250 ml / 8 fl oz světlé pivo
250 ml / 8 fl oz hovězího vývaru
1 lžička vinného octa
1 bobkový list
sůl a čerstvě mletý černý pepř
nasekanou čerstvou petrželkou, na ozdobu
křupavá bageta, sloužit

Maso nakrájejte na kousky asi 5 cm / 2 čtverce a 1 cm / ½ tlusté. Na pánvi rozehřejeme 1 lžíci oleje a maso ze všech stran opečeme. Přeneste do keramické varné nádoby pomocí děrované lžíce a nechte šťávu v pánvi. Přidejte zbývající olej do pánve. Přidejte cibuli a na mírném ohni vařte 5 minut. Přidejte česnek a cukr, poté přisypte mouku a míchejte, aby se spojily. Po troškách přilévejte pivo a přiveďte k varu. Nechte minutu probublávat a poté vypněte oheň. Směs nalijte na maso, poté přidejte vývar a ocet. Přidejte bobkový list a dochuťte solí a pepřem. Přikryjte víkem. Vařte na nejvyšší stupeň po dobu 1 hodiny, poté snižte teplotu na nízkou a vařte dalších 5 až 7 hodin, nebo dokud maso není velmi měkké.

Vyjměte bobkový list a v případě potřeby okořeňte. Kastrol ihned podávejte, ozdobený trochou nasekané čerstvé petrželky a doplněný křupavým francouzským chlebem.

Rouladen

Tenké sendvičové filety usnadňují práci s těmito sendviči s masem a šunkou.

pro 4 osoby

4 malé nebo 2 velké tenké steaky (cca 450 g / 1 lb celková hmotnost)
sůl a čerstvě mletý černý pepř podle chuti
4 plátky uzené šunky (asi 25 g / 1 oz každý)
100 g žampionů, jemně nasekaných
3 lžíce nadrobno nasekaných cornichons
½ cibule, nakrájená
1-2 lžíce dijonské hořčice
1 lžička sušeného kopru
120 ml / 4 fl oz hovězího vývaru

Sendvičové steaky lehce posypte solí a pepřem. Každý filet poklademe plátkem šunky. Zbytek ingrediencí kromě vývaru smícháme a rozdělíme na plátky šunky. Filety srolujte a zajistěte koktejlovými tyčinkami. Vložte do pomalého hrnce stranou se švem dolů. Přidejte vývar. Přikryjte a vařte na mírném ohni 5-6 hodin.

italský Rouladen

Provolone je italský sýr podobný mozzarelle, ale s mnohem plnější chutí.

pro 4 osoby

4 malé nebo 2 velké tenké steaky (cca 450 g / 1 lb celková hmotnost)
sůl a čerstvě mletý černý pepř podle chuti
4 plátky uzené šunky (asi 25 g / 1 oz každý)
4 plátky sýra provolone
4 lžíce nakrájených sušených rajčat
2 lžičky sušeného kopru
120 ml / 4 fl oz hovězího vývaru

Sendvičové steaky lehce posypte solí a pepřem. Každý filet poklademe plátkem šunky. Smíchejte sýr a rajčata a rozdělte na plátky šunky. Posypeme koprem. Filety srolujte a zajistěte koktejlovými tyčinkami. Vložte do pomalého hrnce stranou se švem dolů. Přidejte vývar. Přikryjte a vařte na mírném ohni 5-6 hodin.

Rolády v řeckém stylu

Chuť Řecka, s laskavým svolením sýru feta a oliv.

pro 4 osoby

4 malé nebo 2 velké tenké steaky (cca 450 g / 1 lb celková hmotnost)

sůl a čerstvě mletý černý pepř podle chuti

50g/2oz sýr feta

2 jarní cibulky, nakrájené nadrobno

4 nakrájená sušená rajčata

25 g / 1 oz řeckých oliv, nakrájených na plátky

120 ml / 4 fl oz hovězího vývaru

Sendvičové steaky lehce posypte solí a pepřem. Sýr nastrouháme s cibulí, sušenými rajčaty a olivami a rozdělíme na filety. Filety srolujte a zajistěte koktejlovými tyčinkami. Vložte do pomalého hrnce stranou se švem dolů. Přidejte vývar. Přikryjte a vařte na mírném ohni 5-6 hodin.

Žebra guláš

Tato žebírka zjistíte, že jsou obzvláště chutná a šťavnatá. Žvýkání kostí je povoleno!

pro 4 osoby

250 ml / 8 fl oz suchého červeného vína nebo hovězího vývaru
4 velké mrkve, nakrájené na silné plátky
1 velká cibule, nakrájená na měsíčky
2 bobkové listy
1 lžička sušené majoránky
900 g / 2 lb hovězí žebra

Smíchejte všechny ingredience v pomalém hrnci a navrch položte žebra. Přikryjte a vařte na mírném ohni 7 až 8 hodin.

Kořeněné hovězí maso s křenem

Teplá kořenitost tohoto kastrolu Catherine Atkinson je dosažena směsí smetanového křenu, zázvoru a kari.

pro 4 osoby

1 nakrájená cibule
2 lžíce smetanové křenové omáčky
1 lžíce worcesterské omáčky
450 ml/litr horkého (ne vařícího) hovězího vývaru
1 polévková lžíce mouky
1 lžička středního kari
½ lžičky mletého zázvoru
1 lžička hnědého cukru
700 g libového guláše nebo ribeye steaku nakrájeného na kostičky
sůl a čerstvě mletý černý pepř
2 lžíce nasekané čerstvé nebo mražené petrželky
nové brambory a zelená zelenina k podávání

Vložte cibuli do keramického hrnce. Do vývaru vmícháme křen a worcesterskou omáčku a nalijeme na cibuli. Nastavte pomalý hrnec na nízkou teplotu a nechte jej vařit 3 až 4 minuty, zatímco budete připravovat a odměřovat zbytek ingrediencí.

V míse smícháme mouku, kari, zázvor a cukr. Přidejte maso a promíchejte, aby se kostky rovnoměrně obalily směsí koření. Přidejte do pomalého hrnce a dochuťte solí a pepřem. Přikryjte a vařte na mírném ohni 6 až 7 hodin, nebo dokud není maso velmi měkké.

Přidejte petrželku a případně dochuťte. Podávejte s novými bramborami a zelenou zeleninou, jako je dušené krouhané zelí.

jen sekaná

Vlhká, jak má sekaná být, s dostatkem zbytků i na sendvič! Podáváme s pravou bramborovou kaší.

za 6

700 g / 1½ lb libového mletého hovězího masa
100 g / 4 oz ovesné vločky
120 ml / 4 fl oz polotučné mléko
1 vejce
50 ml / 2 fl oz rajčatové omáčky nebo chilli omáčky
1 nakrájená cibule
½ jemně nasekané zelené papriky
1 rozdrcený stroužek česneku
1 lžička sušeného italského bylinkového koření
1 lžička soli
½ lžičky pepře

Vytvořte rukojeti z fólie a vložte je do pomalého hrnce. Smíchejte všechny ingredience, dokud se nespojí. Vložte směs do ošatky a vložte do pomalého hrnce, ujistěte se, že se strany bochníku nedotýkají pánve. Vložte teploměr na maso tak, aby špička byla ve středu chleba. Přikryjte a vařte na mírném ohni, dokud teploměr masa nezaznamená 160 °F, asi 6 až 7 hodin. Odstraňte pomocí držadel alobalu a nechte volně přikryté fólií 10 minut stát.

Italská masová koule

Klasická sekaná, ale s italským nádechem. Místo kečupu můžete použít chilli omáčku.

za 6

700 g / 1½ lb libového mletého hovězího masa
100 g / 4 oz ovesné vločky
120 ml / 4 fl oz polotučné mléko
1 vejce
50 ml / 2 fl oz rajčatové omáčky
1 nakrájená cibule
½ jemně nasekané zelené papriky
1 rozdrcený stroužek česneku
1 lžíce čerstvě nastrouhaného parmazánu
50 g / 2 oz strouhaného sýra mozzarella
2 lžíce vypeckovaných černých oliv, nasekaných
1 lžička sušeného italského bylinkového koření
1 lžička soli
½ lžičky pepře
2 lžíce připravené rajčatové omáčky nebo kečupu
strouhaný parmazán a strouhaný tvrdý sýr mozzarella na ozdobu

Vytvořte rukojeti z fólie a vložte je do pomalého hrnce. Smíchejte všechny ingredience, dokud se nespojí. Vložte směs do ošatky a vložte do pomalého hrnce, ujistěte se, že se strany bochníku nedotýkají pánve. Vložte teploměr na maso tak, aby špička byla ve středu chleba. Přikryjte a vařte na mírném ohni, dokud teploměr masa nezaznamená 160 °F, asi 6 až 7 hodin. Nalijte rajčatovou omáčkou nebo kečupem a posypte sýry. Přikryjte a vařte, dokud se sýr nerozpustí, 5 až 10 minut. Odstraňte pomocí hliníkových rukojetí.

Slaná sýrová sekaná

Tato sekaná má velmi plnou sýrovou chuť, díky čemuž je bohatá a velmi uspokojující. Místo kečupu můžete použít chilli omáčku.

za 6

450 g / 1 libra libového mletého hovězího masa
225 g / 8 oz libové mleté vepřové maso
100 g / 4 oz měkký sýr
75 g / 3 oz strouhaný sýr čedar
100 g / 4 oz ovesné vločky
120 ml / 4 fl oz polotučné mléko
1 vejce
50 ml / 2 fl oz rajčatové omáčky
2 lžíce worcesterské omáčky
1 nakrájená cibule
½ jemně nasekané zelené papriky
1 rozdrcený stroužek česneku
1 lžička sušeného italského bylinkového koření
1 lžička soli
½ lžičky pepře

Vytvořte rukojeti z fólie a vložte je do pomalého hrnce. Smíchejte všechny ingredience kromě 25g/1oz sýra Cheddar, dokud se dobře nespojí. Vložte směs do ošatky a vložte do pomalého hrnce, ujistěte se, že se strany bochníku nedotýkají pánve. Vložte teploměr na maso tak, aby špička byla ve středu chleba. Přikryjte a vařte na mírném ohni, dokud teploměr masa nezaznamená 160 °F, asi 6 až 7 hodin. Přisypte odložený sýr čedar, přikryjte a vařte, dokud se sýr nerozpustí, 5 až 10 minut. Odstraňte pomocí hliníkových rukojetí.

Sekaná S Chutney A Arašídy

Pokud nemáte Branston Pickle, můžete použít stejné množství nakrájeného chutney.

za 6

700 g / 1½ lb libového mletého hovězího masa
100 g / 4 oz ovesné vločky
120 ml / 4 fl oz polotučné mléko
1 vejce
100 g / 4 oz Branston Pickles
1 nakrájená cibule
½ jemně nasekané zelené papriky
1 rozdrcený stroužek česneku
50 g / 2 oz nasekaných arašídů
1 lžička kari
½ lžičky mletého zázvoru
1 lžička sušeného italského bylinkového koření
1 lžička soli
½ lžičky pepře

Vytvořte rukojeti z fólie a vložte je do pomalého hrnce. Smíchejte všechny ingredience, dokud se nespojí. Vložte směs do ošatky a vložte do pomalého hrnce, ujistěte se, že se strany bochníku nedotýkají pánve. Vložte teploměr na maso tak, aby špička byla ve středu chleba. Přikryjte a vařte na mírném ohni, dokud teploměr masa nezaznamená 160 °F, asi 6 až 7 hodin. Odstraňte pomocí držadel alobalu a nechte volně přikryté fólií 10 minut stát.

Vejce a citronová omáčka

Tuto jemnou citronovou omáčku lze připravit se zeleninovým vývarem.

Pro 6 osob jako doprovod

1 lžíce másla nebo margarínu
2 lžíce mouky
120 ml kuřecího vývaru
120 ml / 4 fl oz polotučné mléko
1 vejce, lehce rozšlehané
3-4 lžíce citronové šťávy
1 lžička citronové kůry
sůl a bílý pepř, podle chuti

Na střední pánvi rozpustíme máslo. Vmíchejte mouku a vařte 1 minutu. Smíchejte vývar a mléko. Zahřejte k varu, šlehejte do zhoustnutí, asi 1 minutu. Do vajíčka zašlehejte asi polovinu vývarové směsi. Směs zašlehejte zpět do pánve. Šlehejte na středním plameni 1 minutu. Přidejte citronovou šťávu a kůru. Dochuťte solí a pepřem.

Citronová sekaná s citronovou vaječnou omáčkou

Sekaná dostává nový rozměr s citronovým akcentem a hladkou vaječnou citronovou omáčkou k tomu.

za 6

700 g / 1½ lb libového mletého hovězího masa
50 g / 2 oz čerstvé strouhanky
1 vejce
1 malá cibule nakrájená
½ malé zelené papriky, jemně nasekané
1 rozdrcený stroužek česneku
1 polévková lžíce citronové šťávy
1 lžíce strouhané citronové kůry
1 lžička dijonské hořčice
½ lžičky sušeného tymiánu
½ lžičky pepře
¾ lžičky soli
Vaječná citronová omáčka (viz odkazy)

Vytvořte rukojeti z fólie a vložte je do pomalého hrnce. Smíchejte všechny ingredience kromě citronové omáčky, dokud se dobře nespojí. Vložte směs do ošatky a vložte do pomalého hrnce, ujistěte se, že se strany bochníku nedotýkají pánve. Vložte teploměr na maso tak, aby špička byla ve středu chleba. Přikryjte a vařte na mírném ohni, dokud teploměr masa nezaznamená 160 °F, 6 až 7 hodin. Odstraňte pomocí držadel alobalu a nechte volně přikryté fólií 10 minut stát. Podávejte s vejcem a citronovou omáčkou.

sladkokyselý šunkový chléb

Sekanou lze také vařit v chlebové pánvi o rozměrech 23 x 13 cm / 9 x 5 palců nebo dvou menších chlebových pánvích, pokud se vejdou do vašeho pomalého hrnce. Umístěte pánve na stojan nebo prázdné plechovky s tuňákem s odstraněnými oběma konci.

za 6

450 g / 1 libra libového mletého hovězího masa
225 g nakrájené nebo nadrobno nakrájené uzené šunky
50 g / 2 oz čerstvé strouhanky
1 vejce
1 malá cibule nakrájená
½ malé zelené papriky, jemně nasekané
1 rozdrcený stroužek česneku
1 lžička dijonské hořčice
2 okurky nakrájené nadrobno
50 g mandlí, hrubě nasekaných
50 g / 2 oz míchané sušené ovoce
90 g meruňkového džemu
1 polévková lžíce jablečného octa
2 lžičky sojové omáčky
½ lžičky pepře

¾ lžičky soli

Vytvořte rukojeti z fólie a vložte je do pomalého hrnce. Smíchejte všechny ingredience, dokud se nespojí. Vložte směs do ošatky a vložte do pomalého hrnce, ujistěte se, že se strany bochníku nedotýkají pánve. Vložte teploměr na maso tak, aby špička byla ve středu chleba. Přikryjte a vařte na mírném ohni, dokud teploměr masa nezaznamená 160 °F, 6 až 7 hodin. Odstraňte pomocí držadel alobalu a nechte volně přikryté fólií 10 minut stát.

Lehké maso s vínem a zeleninou

Jednoduchý, ale uspokojivý hovězí guláš. Podávejte s nudlemi, pokud chcete.

pro 4 osoby

450 g filé z panenky nakrájené na 1 cm proužky
250 ml / 8 fl oz hovězího vývaru
120 ml / 4 fl oz suché červené víno
275 g zelených fazolek nakrájených na krátké kousky
2 nakrájené brambory
2 malé cibule, nakrájené na měsíčky
3 mrkve, nakrájené na silné plátky
¾ lžičky sušeného tymiánu
sůl a čerstvě mletý černý pepř podle chuti

Smíchejte všechny ingredience kromě soli a pepře v pomalém hrnci. Přikryjte a vařte na mírném ohni 6 až 8 hodin. Dochuťte solí a pepřem.

Plněné zelí listy

Vyberte si kvalitní libové mleté hovězí maso smíchané s paprikou, cibulí a rýží pro chutnou náplň do kapustových listů vařených v rajčatové omáčce.

pro 4 osoby

8 velkých listů kapusty
450 g / 1 libra libového mletého hovězího masa
½ cibule nakrájené nadrobno
¼ zelené papriky nasekané nadrobno
15 g/oz rýže, vařená
50 ml / 2 fl oz vody
1 lžička soli
¼ lžičky čerstvě mletého černého pepře
400 g připravené rajčatové omáčky
450g/1lb plechovka sekaných rajčat

Listy zelí vložte do vroucí vody, dokud nezměknou, 1 až 2 minuty. Dobře sceďte. Silné žilky listů zastřihněte tak, aby ležely naplocho. Smícháme mleté maso a ostatní ingredience kromě rajčatové omáčky a nakrájených rajčat. Masovou směs rozdělte na osm stejných dílů, z každého vytvarujte bochník. Každý zabalte do zelného listu a zastrčte konce a strany. Do pomalého hrnce nalijte polovinu kombinované rajčatové omáčky a nakrájených rajčat. Přidejte závitky zelí, stranou švu dolů. Přidejte zbytek rajčatové směsi. Přikryjte a vařte na mírném ohni 6 až 8 hodin.

Florentské masové kuličky

Sýr ricotta, špenát a středomořské příchutě činí tyto masové kuličky mimořádně chutnými.

pro 4 osoby

65 g / 2½ oz listů špenátu
100 gramů sýra ricotta
1 vejce
2 nakrájené jarní cibulky
2 stroužky česneku
2 lžičky sušeného oregana
½ lžičky sušeného kopru
½ lžičky čerstvě nastrouhaného muškátového oříšku
½ lžičky soli
½ lžičky pepře
450 g / 1 libra libového mletého hovězího masa
25 g / 1 oz čerstvé strouhanky

1 litr / 1¾ pinty bylinkové pastové omáčky
225 g / 8 oz fettuccine, vařený, horký

Špenát, ricottu, vejce, jarní cibulku, česnek, bylinky, sůl a pepř zpracujte v kuchyňském robotu nebo mixéru do hladka. Smícháme s mletým masem a strouhankou. Ze směsi vytvarujte 8-12 masových kuliček. Masové kuličky a omáčku na těstoviny smíchejte v pomalém hrnci a zalijte karbanátky omáčkou. Přikryjte a vařte na mírném ohni 5-6 hodin. Podávejte na fettuccine.

Rigatoni s masovými kuličkami z lilku

Lilek je překvapivou přísadou v těchto báječných masových kuličkách.

za 6

Knedlíky s lilkem (viz níže)
700 g omáčky na těstoviny ze sklenice
350 g / 12 oz rigatoni nebo jiné formy těstovin, vařené, horké
2-3 lžíce olivového oleje
2 lžíce scezených kaparů
15 g/oz nasekané čerstvé petrželky

Smíchejte lilkové karbanátky a omáčku na těstoviny v pomalém hrnci a zalijte karbanátky omáčkou. Přikryjte a vařte na mírném ohni 6 až 8 hodin. Rigatoni pokapejte olejem, kapary a petrželkou. Podáváme s masovými kuličkami a omáčkou.

lilkové karbanátky

Nakrájené lilky dodávají těmto masovým knedlíkům vynikající bohatost.

Udělá 18 masových kuliček

1 malý lilek (asi 350 g / 12 oz), nakrájený na kostičky
700 g / 1½ lb libového mletého hovězího masa
50 g / 2 oz čerstvě nastrouhaného parmazánu nebo sýra Romano
25 g / 1 oz suché strouhanky
2 vejce
1½ lžičky sušeného italského bylinkového koření
1 lžička soli
½ lžičky pepře

Lilek uvařte v 5 cm vroucí vody ve středním hrnci do měkka, asi 10 minut. Scedíme, vychladíme a rozmixujeme. Smíchejte lilek se zbytkem ingrediencí na karbanátky. Vytvořte 18 masových kuliček.

Krevety s artyčoky a paprikou

Artyčoky a papriky jsou častými středomořskými partnery. Konzervovaná artyčoková srdce jsou pohodlný způsob, jak přidat tuto jemně ochucenou zeleninu do vaší kuchyně.

pro 4 osoby

400 g připravené rajčatové omáčky
400 g artyčokových srdíček, okapaných a nakrájených na čtvrtky
175 ml / 6 fl oz kuřecího nebo zeleninového vývaru
2 cibule, nakrájené na tenké plátky
½ malé červené papriky, nakrájené na plátky
½ malé zelené papriky, nakrájené na plátky
1 rozdrcený stroužek česneku
350 g / 12 oz vařené a oloupané středně velké krevety, rozmražené, pokud jsou zmrazené
1-2 lžíce suchého sherry (volitelně)
sůl a čerstvě mletý černý pepř podle chuti
225 g penne, vařené, horké

Smíchejte všechny ingredience kromě krevet, sherry, soli, pepře a penne v pomalém hrnci. Přikryjte a vařte na nízké teplotě po dobu 5-6 hodin, během posledních 10 minut přidejte krevety. Dochuťte sherry, solí a pepřem. Podávejte přes penne.

Kastrol s krevetami a Okra

To je také vynikající, pokud se vám nechce dělat polentu, když se vám nechce podávat s vařenou rýží.

pro 4 osoby

400 g připravené rajčatové omáčky
225 g / 8 oz okra, oříznuté a nasekané
175 ml / 6 fl oz kuřecího nebo zeleninového vývaru
2 cibule, nakrájené na tenké plátky
1 rozdrcený stroužek česneku
350 g / 12 oz vařené a oloupané středně velké krevety, rozmražené, pokud jsou zmrazené
sůl a čerstvě mletý černý pepř podle chuti
polenta
nasekanou čerstvou petrželkou, na ozdobu

Smíchejte všechny ingredience kromě krevet, soli, pepře a polenty v pomalém hrnci. Přikryjte a vařte na nízké teplotě po dobu 5-6 hodin, během posledních 10 minut přidejte krevety. Dochuťte solí a pepřem. Podávejte přes polentu a každou porci posypte petrželkou.

Kreolské krevety se šunkou

Křupavé nudličky šunky a suché sherry s koktejlem Tabasco dodávají tomuto pokrmu z krevet doplňkovou chuť.

za 6

100 g libové šunky nakrájené na tenké proužky
1-2 lžíce olivového oleje
2 plechovky po 400 g / 14 oz nakrájených rajčat
120 ml / 4 fl oz vody
2-3 lžíce rajčatového protlaku
1 cibule nakrájená nadrobno
1 řapíkatý celer nakrájený nadrobno
½ červené nebo zelené papriky, jemně nasekané
3 stroužky česneku, nasekané
700 g velkých syrových krevet, oloupaných a vykuchaných, rozmražených, pokud jsou zmrazené
2 až 4 lžíce suchého sherry (volitelně)
¼ – ½ lžičky omáčky Tabasco
sůl a čerstvě mletý černý pepř podle chuti

100 g / 4 oz rýže, vařená, horká

V malé pánvi na středním plameni opečte šunku na oleji do zlatohnědé a křupavé, 3 až 4 minuty. Smazat a rezervovat. Smíchejte rajčata, vodu, zeleninu a česnek v pomalém hrnci. Přikryjte a vařte na nízké teplotě po dobu 6 až 7 hodin, na posledních 10 minut přidejte vyhrazenou šunku, krevety, sherry a omáčku Tabasco. Dochuťte solí a pepřem. Podávejte s rýží.

Cajunské krevety, sladká kukuřice a fazole

Červené fazole, kukuřice a mléko dělají z tohoto pikantního pokrmu kořeněného chilli. Podávejte přes lžíci chleba.

pro 4 osoby

400 g / 14 oz fazole, scezené a propláchnuté
400 g / 14 oz plechovka kukuřice se smetanou
250 ml / 8 fl oz rybího nebo kuřecího vývaru
1 cibule nakrájená nadrobno
1 jalapeňo nebo jiná středně pálivá chilli paprička nakrájená najemno
2 stroužky česneku, mleté
1 lžička sušeného tymiánu
½ lžičky sušeného oregana
175 g / 6 uncí brokolice, nakrájené na malé růžičky
250 ml / 8 fl oz plnotučného mléka
2 lžíce kukuřičné mouky
350–450 g/12 oz – 1 libra syrových královských krevet, vyloupaných a vyloupaných, rozmražených, pokud jsou zmrazené
sůl a omáčka Tabasco podle chuti

Smíchejte fazole, kukuřici, vývar, cibuli, chilli, česnek a koření v pomalém hrnci. Přikryjte a vařte na nízké teplotě po dobu 6 až 7 hodin, během posledních 20 minut přidejte brokolici. Přidejte kombinované mléko a kukuřičnou mouku, míchejte 2-3 minuty. Přidejte krevety. Vařte 5 až 10 minut. Dochuťte solí a omáčkou Tabasco.

Krevety a klobása Gumbo

Okra zahušťuje gumbo a dodává mu výraznou kreolskou chuť.

pro 4 osoby

2 plechovky rajčat po 400 g / 14 oz
100 g uzené klobásy, nakrájené na silné plátky
1 velká červená paprika, jemně nasekaná
1 rozdrcený stroužek česneku
špetka mletých chilli vloček
225 g / 8 oz okra, oříznuté a nakrájené na plátky
350 g / 12 oz vařené a oloupané středně velké krevety,
rozmražené, pokud jsou zmrazené
sůl podle chuti
75 g rýže, vařené, horké

Smíchejte všechny ingredience kromě okry, krevet, soli a rýže v pomalém hrnci. Přikryjte a vařte na nízké teplotě po dobu 6-7 hodin, na posledních 30 minut přidejte okra a na posledních 10 minut krevety. Dochutíme solí. Podávejte s rýží.

Těstoviny S čerstvými Rajčaty A Bylinkovou Omáčkou

Vychutnejte si toto jídlo, když jsou místní nebo domácí rajčata na vrcholu zralosti.

za 6

1 kg / 2¼ lb rajčat, nakrájených na plátky
1 cibule nakrájená nadrobno
120 ml / 4 fl oz suchého červeného vína nebo vody
2 lžíce rajčatového protlaku
6 velkých stroužků česneku, nasekaných nadrobno
1 lžička cukru
2 bobkové listy
2 lžičky sušené bazalky
1 lžička sušeného tymiánu
špetka mletých chilli vloček
sůl podle chuti
350 g / 12 oz ploché nebo tvarované těstoviny, vařené, horké

Smíchejte všechny ingredience kromě soli a těstovin v pomalém hrnci. Přikryjte a vařte na mírném ohni 6 až 7 hodin. Pokud preferujete hustší konzistenci, vařte posledních 30 minut odkryté na High. Dochuťte solí a omáčku podávejte na těstoviny.

Rizoto se zimní zeleninou

Rýže Arborio je krátkozrnná rýže pěstovaná v oblasti Arborio v Itálii. Hodí se zejména k přípravě rizota, protože se stane nádherně krémovým.

pro 4 osoby

750 ml / 1¼ pinty zeleninového vývaru
1 malá cibule nakrájená
3 stroužky česneku, nasekané
75 g / 3 oz hnědé nebo nafouknuté houby, nakrájené na plátky
1 lžička sušeného rozmarýnu
1 lžička sušeného tymiánu
350 g / 12 oz rýže arborio
100g / 4oz malá růžičková kapusta, rozpůlená
175 g/6 oz sladké brambory, oloupané a nakrájené na kostičky
25 g / 1 oz čerstvě nastrouhaného parmazánu
sůl a čerstvě mletý černý pepř podle chuti

V malém hrnci zahřejte vývar k varu. Nalijte do pomalého hrnce. Přidejte zbytek ingrediencí kromě parmazánu, sůl a pepř. Přikryjte a vařte na silném ohni, dokud rýže není al dente a tekutina se téměř nevstřebá, asi 1¼ hodiny (pozorně sledujte, aby se rýže nepřevařila). Přidejte sýr. Dochuťte solí a pepřem.

Porcini rizoto

Sušené hříbky jsou šikovnou základnou ve spíži. Vydrží roky, zaberou málo místa a po namočení rychle získají plnou chuť.

pro 4 osoby

10 g/oz sušených hříbků nebo jiných sušených hub
250 ml / 8 fl oz vroucí vody
500 ml / 17 fl oz zeleninového vývaru
1 malá cibule nakrájená
3 stroužky česneku, nasekané
350 g / 12 oz rýže arborio
½ lžičky sušené šalvěje
½ lžičky sušeného tymiánu
100g/4oz zmrazené petits pois, rozmražené
1 malé rajče, nakrájené
50 g / 2 oz čerstvě nastrouhaného parmazánu
sůl a čerstvě mletý černý pepř podle chuti

Vložte houby do misky a přidejte vroucí vodu. Nechte stát do měkka, asi 15 minut. Vypusťte, zarezervujte si tekutinu. V malém hrnci zahřejte vývar k varu. Nalijte do pomalého hrnce a přidejte 250 ml / 8 fl oz odložené vody na namočení hub. Přidejte zbytek ingrediencí kromě hrášku, rajčat, parmazánu a soli a pepře. Přikryjte a vařte na vysokém ohni, dokud rýže není al dente a tekutina se téměř nevstřebá, asi 1¼ hodiny, během posledních 15 minut přidejte hrášek a rajče (pozorně sledujte, aby se rýže nepřevařila). Přidejte sýr. Dochuťte solí a pepřem.

Rizoto s brokolicí a piniovými oříšky

Piniové oříšky můžete opékat na suché pánvi za stálého míchání, dokud lehce nezhnědnou, ale sledujte je, protože se snadno připalují.

pro 4 osoby

750 ml / 1¼ pinty zeleninového vývaru
1 malá cibule nakrájená
3 stroužky česneku, nasekané
350 g / 12 oz rýže arborio
1 lžička sušeného italského bylinkového koření
175 g / 6 oz malé růžičky brokolice
40 g / 1½ oz rozinek
25 g / 1 oz pražených piniových oříšků
50 g / 2 oz čerstvě nastrouhaného parmazánu
sůl a čerstvě mletý černý pepř podle chuti

V malém hrnci zahřejte vývar k varu. Nalijte do pomalého hrnce. Přidejte cibuli, česnek, rýži a koření. Přikryjte a vařte na vysokém ohni, dokud rýže není al dente a tekutina se téměř nevstřebá, asi 1¼ hodiny, během posledních 20 minut přidejte brokolici, rozinky a piniové oříšky (pozorně sledujte, aby se rýže nepřevařila). . Přidejte sýr. Dochuťte solí a pepřem.

Risi Bisi

Názory se liší, zda je Risi Bisi rizoto nebo hustá polévka. Pokud souhlasíte s poslední definicí, použijte dalších 120–250 ml vývaru, aby směs získala konzistenci husté polévky.

pro 4 osoby

750 ml / 1¼ pinty zeleninového vývaru
1 malá cibule nakrájená
3 stroužky česneku, nasekané
350 g / 12 oz rýže arborio
2 lžičky sušené bazalky
225g/8oz zmrazené petits pois, rozmražené
50 g / 2 oz čerstvě nastrouhaného parmazánu
sůl a čerstvě mletý černý pepř podle chuti

V malém hrnci zahřejte vývar k varu. Nalijte do pomalého hrnce. Přidejte zbývající ingredience kromě hrášku, parmazánu, soli a pepře. Přikryjte a vařte na vysokém ohni, dokud rýže není al dente a tekutina se téměř nevstřebá, asi 1¼ hodiny, během posledních 15 minut přidejte hrášek (pozorně sledujte, aby se rýže nepřevařila). Přidejte sýr. Dochuťte solí a pepřem.

Rizoto s letní zeleninou

Máte-li zahrádku, tento recept využije vaše lahodné letní produkty.

pro 4 osoby

750 ml / 1¼ pinty zeleninového vývaru
4 jarní cibulky, nakrájené
3 stroužky česneku, nasekané
200g/7oz švestková rajčata, nakrájená na plátky
1 lžička sušeného rozmarýnu
1 lžička sušeného tymiánu
350 g / 12 oz rýže arborio
250 g cukety, nakrájené na kostičky
250 g cukety nebo žluté dýně nakrájené na kostičky
25 g / 1 oz čerstvě nastrouhaného parmazánu
sůl a čerstvě mletý černý pepř podle chuti

V malém hrnci zahřejte vývar k varu. Nalijte do pomalého hrnce. Přidejte zbytek ingrediencí kromě parmazánu, sůl a pepř. Přikryjte a vařte na silném ohni, dokud rýže není al dente a tekutina se téměř nevstřebá, asi 1¼ hodiny (pozorně sledujte, aby se rýže nepřevařila). Přidejte sýr. Dochuťte solí a pepřem.

Vaječný koláč s houbami a bazalkou

Připravte si tento slaný koláč, jako je quiche bez kůrky, k lehkému obědu nebo brunchi.

pro 4 osoby

5 vajec
25 g/1 oz univerzální mouky
1/3 lžičky jedlé sody
¼ lžičky soli
¼ lžičky pepře
225 g strouhaného sýra Monterey Jack nebo jemného sýra čedar
225 g / 8 oz tvaroh
75 g / 3 oz žampionů, nakrájených na plátky
¾ lžičky sušené bazalky
olej, na mazání

Vejce rozšlehejte ve velké míse do pěny. Smícháme smíchanou mouku, prášek do pečiva, sůl a pepř. Zbývající ingredience smícháme a nalijeme do vymaštěného pomalého hrnce. Přikryjte a vařte na mírném ohni do měkka, asi 4 hodiny. Podávejte z pomalého hrnce nebo vyjměte pánev, nechte 5 minut odpočívat na mřížce a vyklopte na servírovací talíř.

Poznámka: Tento pokrm lze připravit také v 1litrové pánvi nebo misce na suflé. Umístěte na mřížku do pomalého hrnce o objemu 5,5 litru a vařte, dokud neztuhne, asi 4,5 hodiny.

Pečená zelenina na grilu

Mražená grilovaná zelenina, mix grilované červené a žluté papriky, cuketa a lilek, to je tip Catherine Atkinson na tento recept.

pro 4 osoby

změklé máslo nebo slunečnicový olej na mazání
175g / 6oz Mražená pečená zelenina, rozmražená
1 vejce
1,5 ml dijonské hořčice
150 ml/litr mléka
2 lžíce mletých mandlí
15 ml čerstvé bílé strouhanky
50 g / 2 oz strouhaného sýra Gruyere
sůl a čerstvě mletý černý pepř
25 g / 1 oz loupaných mandlí
ciabatta nebo focaccia chléb k podávání

Na dno keramického hrnce umístěte obrácený talířek nebo kovové vykrajovátko. Nalijte asi 5 cm / 2 palce velmi horké (ne vroucí) vody do pánve a nastavte pomalý hrnec na nízkou úroveň. Kulatou žáruvzdornou misku o průměru 13 až 15 cm vymažte máslem nebo olejem. Umístěte zeleninu na talíř. Vejce a hořčici rozšlehejte, poté přidejte mléko, mleté mandle, strouhanku a sýr. Dochutíme solí, pepřem a opatrně přelijeme na zeleninu. Směs necháme asi minutu odstát a poté navrch posypeme nakrájené mandle. Talíř zakryjte potravinářskou fólií nebo lehce naolejovanou hliníkovou fólií a položte na talířek nebo vykrajovátko do hrnce. Nalijte tolik vařící vody, aby sahala do poloviny strany talíře.

Přikryjeme pokličkou a vaříme 2-4 hodiny, nebo dokud zelenina nezměkne a směs se lehce srazí (kontrolu zapíchnutím tenkého nože nebo špejle do středu, měla by být horká a měla by být málo tekutiny). Podávejte horké s chlebem ciabatta nebo focaccia.

vrstvené lasagne

Lasagne snadno připravíte s hotovou omáčkou a pláty lasagní v troubě, které se nemusí předvařit. Tyto lasagne mají jemnou texturu a bohatou chuť.

za 6

700 g připravené rajčatovo-bazalkové omáčky na těstoviny
8 plátů lasagní bez předvaření
550 g / 1 ¼ lb sýra ricotta
275 g / 10 oz sýr mozzarella, strouhaný
1 vejce
1 lžička sušené bazalky
25 g / 1 oz čerstvě nastrouhaného parmazánu

Naneste 75 g omáčky na dno formy na bochníky 23 x 13 cm / 9 x 5. Nahoru s tácem na lasagne a 75 g sýra Ricotta a 40 g sýra Mozzarella. Opakujte vrstvy a dokončete 75 g omáčky nahoře. Posypeme parmazánem. Umístěte plechovku na stojan v pomalém hrnci o objemu 5,5 litru / 9½ pint. Přikryjte a vařte na mírném ohni 4 hodiny. Vyjměte plech a nechte 10 minut vychladnout na mřížce. Lasagne se mohou zdát uprostřed propadlé, ale chladnutím se vyrovnají.

Těstovinový Salát S Lilek

Balzamikový ocet a citronová šťáva dodávají tomuto letnímu těstovinovému pokrmu zvláštní nádech. Podávejte teplé nebo při pokojové teplotě.

za 6

1 lilek, asi 450 g / 1 lb
200 g rajčat, hrubě nakrájených
3 jarní cibulky, nakrájené na plátky
2 lžíce balzamikového nebo červeného vinného octa
1 lžíce olivového oleje
1-2 lžičky citronové šťávy
sůl a čerstvě mletý černý pepř
350 g / 12 oz celozrnné špagety, vařené, při pokojové teplotě
50 g / 2 oz čerstvě nastrouhaného parmazánu

Lilek šestkrát až osmkrát propíchněte vidličkou a vložte do pomalého hrnce. Přikryjeme a dusíme do měkka, asi 4 hodiny. Nechte stát, dokud nevychladne natolik, aby se dal zvládnout. Lilek překrojte napůl. Vydlabejte dužinu a nakrájejte na 2 cm/¾ kousky. Smíchejte lilek, rajčata, cibuli, ocet, olej a citronovou šťávu. Dochuťte solí a pepřem. Promícháme s těstovinami a parmazánem.

Zeleninová Pasta S Bylinkami

Tyto těstoviny mají lahodnou mexickou chuť.

Podává se od 6 do 8

6 plechovek po 400 g / 14 oz nakrájených rajčat
400 g / 14 oz fazole, scezené a propláchnuté
175g / 6oz rajčatový protlak
175 ml / 6 fl oz piva nebo vody
350 g sójového mletého masa s příchutí Quorn nebo hovězího masa
2 nakrájené cibule
1 zelená paprika nakrájená nadrobno
2 stroužky česneku, mleté
1 lžíce světle hnědého cukru
1 lžíce kakaového prášku
1-2 polévkové lžíce chilli
1-2 lžičky mletého kmínu
1-2 lžičky sušeného oregana
¼ lžičky mletého hřebíčku
175 g vařených loketních makaronů
sůl a čerstvě mletý černý pepř

Smíchejte všechny ingredience kromě makaronů, soli a pepře v 5litrovém pomalém hrnci. Přikryjte a vařte na mírném ohni 6 až 8 hodin, na posledních 30 minut přidejte makarony. Dochuťte solí a pepřem.

Welsh Rarebit

Tato pikantní sýrová směs s příchutí piva je také vynikající podávaná na plátcích šunky nebo kuřecích prsou a chřestu na toastu.

za 6

225 g strouhaného sýru čedar
225 g / 8 oz měkkého sýra při pokojové teplotě
250 ml piva
½ lžičky sušeného hořčičného prášku
½ lžičky vegetariánské worcesterské omáčky nebo houbové omáčky
kajenský pepř, podle chuti
6 plátků opečeného vícezrnného chleba
12 plátků rajčat
nakrájenou papriku a pažitku na ozdobu

Smíchejte sýry, pivo, hořčici a worcesterskou omáčku v pomalém hrnci. Přikryjte a vařte, dokud se sýry nerozpustí, asi 2 hodiny, během vaření dvakrát promíchejte. Okořeníme kajenským pepřem. Toustový chléb rozložte na servírovací talíře. Poklaďte nakrájenými rajčaty a přelijte směsí rarebit. Posypeme paprikou a nasekanou pažitkou.

Makarony a rajčatový kastrol

Tento krémový makaronový pokrm je vždy oblíbený u dětí a je vynikajícím pohodlným jídlem.

za 6

225 g / 8 oz malých vařených makaronů
450 g nakrájených rajčat, okapaných
1 nakrájená cibule
450 ml/pint odpařeného mléka
1 lžíce kukuřičné mouky
3 vejce, lehce rozšlehaná
50 g / 2 oz čerstvě nastrouhaného parmazánu
½ lžičky mleté skořice
½ lžičky čerstvě nastrouhaného muškátového oříšku
½ lžičky soli
paprika, na ozdobu

Smíchejte makarony, rajčata a cibuli v pomalém hrnci. Zbytek ingrediencí kromě papriky smícháme a nalijeme na makaronovou směs. Přikryjte a vařte, dokud krém neztuhne, asi 3 hodiny. Posypeme mletou paprikou.

Penne se čtyřmi sýry

Mozzarella, čedar, plísňový sýr a parmazán tvoří chutnou kombinaci sýra a těstovin.

Na 8 porcí

750 ml / 1¼ pinty plnotučného mléka
75 g univerzální mouky
50 g / 2 oz strouhané mozzarelly
50 g / 2 oz strouhaný sýr čedar
100 g modrého sýra, rozdrobený
50 g / 2 oz čerstvě nastrouhaného parmazánu
450 g penne, vařené al dente

Smíchejte mléko a mouku do hladka ve velké míse. Přidejte zbývající ingredience kromě 15 g parmazánu a těstovin. Přidejte těstoviny a nalijte směs do pomalého hrnce. Posypeme zbylým parmazánem. Přikryjte a vařte na mírném ohni 3 hodiny.

Zeleninový pokrm na celou sezónu

Pro tuto zdravou zeleninovou směs použijte jakoukoli sezónní zeleninu.

pro 4 osoby

375 ml / 13 fl oz zeleninového vývaru
2 střední rajčata, nakrájená
225 g zelených fazolek, rozpůlených
225 g malých nových brambor, rozpůlených
2 malé mrkve, nakrájené na plátky
2 tuříny, nakrájené na plátky
4 jarní cibulky, nakrájené
½ lžičky sušené majoránky
¼ lžičky sušeného tymiánu
4 plátky vegetariánské 'slaninky', osmažené do křupava a drobivé
100g/4oz mražený hrášek, rozmražený
6 artyčokových srdíček, rozčtvrcených
8 chřestů, nakrájených na krátké kousky (5 cm / 2 palce)
2 lžíce kukuřičné mouky
50 ml / 2 fl oz vody
sůl a čerstvě mletý černý pepř podle chuti
75 g rýže, vařené, horké

Smíchejte všechny ingredience kromě plátků zeleniny, hrášku, artyčokových srdíček, chřestu, kukuřičného škrobu, vody, soli, pepře a rýže v pomalém hrnci. Přikryjte a vařte na mírném ohni 6 až 7 hodin, na posledních 30 minut přidejte plátky, hrášek, artyčoková srdce a chřest. Přidejte kombinovanou kukuřičnou mouku a vodu, míchejte 2-3 minuty. Dochuťte solí a pepřem. Podávejte s rýží.

chilli s postojem

V této vegetariánské verzi receptu ze Cincinnati je čočková chilli ochucena kořením a kakaem a podávána se špagetami.

za 6

450 ml/litr zeleninového vývaru
400 g / 14 oz plechovka sekaných rajčat
75 g / 3 unce sušené červené čočky
1 nakrájená cibule
3 stroužky česneku, nasekané
1 lžička olivového oleje
½ – 1 polévková lžíce chilli
1 lžíce kakaového prášku
½ lžičky mleté skořice
¼ lžičky mletého nového koření
sůl a čerstvě mletý černý pepř podle chuti
350 g linguine, vařené, teplé
Poleva: fazole, nakrájená cibule a paprika, strouhaný sýr čedar

Smíchejte všechny ingredience kromě soli, pepře a linguine v pomalém hrnci. Přikryjte a vařte na mírném ohni 6 až 8 hodin. Pokud dáváte přednost hustší konzistenci, vařte posledních 30 minut odkryté na Vysoký. Dochuťte solí a pepřem. Podávejte přes linguine s oblohou dle vlastního výběru.

Míchaná Zelenina S Cobbler Chilli Polevou

Toto je recept na chilli, ale jde to i bez. Papriky Poblano jsou docela jemné, ale tento recept obsahuje také chilli prášek, takže si dejte pozor, kolik toho přidáte, pokud to nechcete příliš pálivé.

za 6

2 plechovky po 400 g / 14 oz nakrájených rajčat
400 g / 14 oz plechovka hrachu černookého, okapaného a propláchnutého
400 g / 14 oz fazole, scezené a propláchnuté
4 nakrájené cibule
250 g cukety nebo máslové dýně, oloupané a nakrájené na kostičky
1-3 poblano nebo jemné chilli papričky, nahrubo nasekané
1 červená paprika, hrubě nasekaná
1 žlutá paprika, hrubě nasekaná
3 stroužky česneku, nasekané
1-3 lžíce chilli nebo podle chuti
1½ – 2 lžičky mletého kmínu
¾ lžičky sušeného oregana
¾ lžičky sušené majoránky
100g/4oz okra, oříznuté a rozpůlené

sůl a čerstvě mletý černý pepř podle chuti
3 velké sendviče, rozpůlené
chilli prášek
50 g / 2 oz strouhaný sýr čedar

Smíchejte všechny ingredience kromě okry, soli, pepře, housky, chilli prášku a sýra v 5litrovém pomalém hrnci. Přikryjte a vařte na nízké teplotě po dobu 6 až 8 hodin, během posledních 30 minut přidejte okra. Dochuťte solí a pepřem. Na směs položte housky řezem dolů. Posypeme chilli práškem a sýrem. Přikryjte a vařte, dokud se sýr nerozpustí, asi 5 minut.

Orchard Kastrol

Tento barevný kastrol podáváme se zdravými jáhly nebo kuskusem.

pro 4 osoby

450 ml/litr zeleninového vývaru
225 g / 8 oz žampionů, nakrájených na plátky
225 g květáku v růžičkách
225 g brambor nakrájených na kostičky
2 cibule, nakrájené na měsíčky
2 rajčata, nakrájená na měsíčky
2 stroužky česneku, mleté
1 lžička sušeného tymiánu
1 bobkový list
2 malé cukety, nakrájené na plátky
sůl a čerstvě mletý černý pepř podle chuti
175 g jáhel nebo kuskusu, vařené, horké

Smíchejte všechny ingredience kromě cukety, soli, pepře a jáhel nebo kuskusu v pomalém hrnci. Přikryjte a vařte na mírném ohni 6 až 8 hodin, na posledních 30 minut přidejte cuketu. Bobkový list vyhoďte, dochuťte solí a pepřem a podávejte přes jáhly nebo kuskus v mělkých miskách.

Pšeničné bobule s čočkou

Pšeničné bobule a čočka jsou kombinovány s bramborami a zeleninou, aby vzniklo vydatné a zdravé jídlo.

Na 8 porcí

750 ml / 1 ¼ pinty zeleninového vývaru
100 g / 4 oz pšeničných bobulí
75 g / 3 unce sušené hnědé nebo zelené čočky
700 g moučných brambor, neoloupaných a nakrájených na kostičky
2 nakrájené cibule
1 nakrájená mrkev
1 řapíkatý celer, nakrájený na plátky
4 stroužky česneku, nakrájené nadrobno
1 lžička sušených směsí bylinek
sůl a čerstvě mletý černý pepř podle chuti

Smíchejte všechny ingredience kromě soli a pepře v pomalém hrnci. Přikryjte a vařte na mírném ohni 6 až 8 hodin. Dochuťte solí a pepřem.

sladkokyselá dýně s bramborem

Cider a med, jablko a sladké brambory dodávají tomuto domácímu zeleninovému pokrmu jeho osvěžující sladkokyselou chuť.

za 6

400 g / 14 oz plechovka sekaných rajčat
250 ml cideru
500 g máslové dýně, oloupané a nakrájené na kostičky
500 g moučných brambor
350 g / 12 oz sladkých brambor, oloupaných a nakrájených na kostičky
2 kyselá zelená jablka k jídlu, neoloupaná a nakrájená
175 g / 6 oz kukuřice cukrová
150 g / 5 oz jemně nasekané šalotky
½ jemně nasekané červené papriky
2 stroužky česneku, mleté
1½ lžičky medu
1½ lžíce jablečného octa
1 bobkový list
¼ lžičky čerstvě nastrouhaného muškátového oříšku
2 lžíce kukuřičné mouky

50 ml / 2 fl oz vody
sůl a čerstvě mletý černý pepř podle chuti
100 g basmati nebo jasmínové rýže, vařené, horké

Smíchejte všechny přísady kromě kukuřičné mouky, vody, soli, pepře a rýže v 5litrovém pomalém hrnci. Přikryjte a vařte na mírném ohni 6 až 8 hodin. Zapněte oheň na vysoký a vařte 10 minut. Přidejte kombinovanou kukuřičnou mouku a vodu, míchejte 2-3 minuty. Bobkový list vyhoďte. Dochuťte solí a pepřem. Podávejte s rýží.

Divoké Houby S Cannellini

Tři chutné druhy čerstvých hub dělají z tohoto pokrmu úžasně bohaté jídlo. Sušené houby změkčené v horké vodě lze pro ještě větší bohatost nahradit některými z čerstvých hub.

za 6

3 x 400 g plechovky fazolí cannellini, scezené a propláchnuté
250 ml / 8 fl oz zeleninového vývaru
120 ml / 4 fl oz suchého bílého vína nebo zeleninového vývaru
225 g žampionů portabella, nakrájených
175 g / 6 oz houby shiitake, nakrájené na plátky
225 g / 8 oz hnědé nebo knoflíkové houby, nakrájené na plátky
100 g / 4 oz pórek (pouze bílé části), nakrájený na plátky
1 nakrájená červená paprika
1 nakrájená cibule
3 velké stroužky česneku, nasekané nadrobno
½ lžičky sušeného rozmarýnu
½ lžičky tymiánu
¼ lžičky nasekaných chilli vloček
300 g švýcarského mangoldu nebo špenátu nakrájeného na plátky
sůl a čerstvě mletý černý pepř podle chuti

polenta

Smíchejte všechny ingredience kromě mangoldu, soli, pepře a polenty v 5litrovém pomalém hrnci. Přikryjte a vařte při nízké teplotě 6 až 7 hodin, na posledních 15 minut přidejte mangold. Dochuťte solí a pepřem. Podávejte přes polentu.

Zeleninové jídlo s Bulghar

Výživný bulghar pomáhá zahustit tuto mírně pikantní směs hub, hlíz a paprik. Podávejte s teplým parmazánovým chlebem.

pro 4 osoby

400 g / 14 oz plechovka sekaných rajčat
250 ml / 8 fl oz pikantní rajčatové šťávy
2 velké mrkve, nakrájené na silné plátky
225 g hnědých žampionů, rozpůlených
175 g moučných brambor, neoloupaných a nakrájených
2 nakrájené cibule
1 červená paprika, nakrájená na silné plátky
1 zelená paprika, nakrájená na silné plátky
2-3 stroužky česneku, nakrájené nadrobno
50 g / 2 oz bulharského
1 lžička sušeného tymiánu
1 lžička sušeného oregana
2 kostky cukety
1 žlutá dýně nebo máslová dýně nakrájená na kostičky
sůl a čerstvě mletý černý pepř podle chuti

Smíchejte všechny ingredience kromě cukety, dýně, soli a pepře v pomalém hrnci. Přikryjte a vařte na vysoké teplotě 4–5 hodin, na posledních 30 minut přidejte cukety a squash. Dochuťte solí a pepřem.

Česnek čočka Se Zeleninou

Tento čočkový kastrol je ochucený chilli, zázvorem a spoustou česneku. Je hodně pikantní, ale koření si můžete upravit podle své chuti. Pamatujte však, že chutě se při vaření v kastrolu prolínají.

Na 8 porcí

450 ml/litr zeleninového vývaru
8 malých brambor, nakrájených na kostičky
6 cibulí, nakrájených
600 g / 1 lb 6 oz rajčat, nakrájených
225 g / 8 oz mrkve, nakrájené
225 g zelených fazolek
75 g / 3 unce sušené hnědé nebo zelené čočky
1 až 4 malé jalapeños nebo jiné jemně pálivé papričky, rozdrcené na pastu nebo 1 až 2 lžičky kajenského pepře
2,5 cm / 1 kus čerstvého kořene zázvoru, jemně nastrouhaného
1 tyčinka skořice
10 stroužků česneku
6 celých hřebíčků
6 lusků kardamomu, drcených
1 lžička mleté kurkumy
½ lžičky mleté suché máty

225g / 8oz mraženého hrášku, rozmraženého
sůl podle chuti
100g / 4oz kuskus namočený, horký
přírodní jogurt, na ozdobu

Smíchejte všechny ingredience kromě hrášku, soli a kuskusu v 5litrovém pomalém hrnci. Přikryjte a vařte na nízké teplotě po dobu 6 až 8 hodin, během posledních 15 minut přidejte hrášek. Dochutíme solí. Podávejte přes kuskus a ozdobte lžičkami jogurtu.

Čočka s kořeněným kuskusem

Zemitá hnědá čočka se dokonale vaří v pomalém hrnci.

za 6

400 g / 14 oz plechovka sekaných rajčat
750 ml / 1¼ pinty zeleninového vývaru
350 g / 12 oz suché hnědé čočky
2 nakrájené cibule
1 červená nebo zelená paprika nakrájená nadrobno
1 velký řapíkatý celer, nakrájený
1 velká mrkev, nakrájená na plátky
1 rozdrcený stroužek česneku
1 lžička sušeného oregana
½ lžičky mleté kurkumy
sůl a čerstvě mletý černý pepř podle chuti
Kořeněný kuskus (viz níže)

Smíchejte všechny ingredience kromě soli, pepře a kuskusu v 5litrovém pomalém hrnci. Přikryjte a vařte na mírném ohni 6 až 8 hodin. Dochuťte solí a pepřem. Podávejte přes ochucený kuskus.

kořeněný kuskus

Kuskus je také skvělým doplňkem na bufetový stůl nebo piknik.

za 6

2 jarní cibulky, nakrájené na plátky
1 rozdrcený stroužek česneku
¼ lžičky nasekaných chilli vloček
½ lžičky mleté kurkumy
1 lžička olivového oleje
300 ml/litr zeleninového vývaru
175 g / 6 uncí kuskusu

Cibuli, česnek, chilli vločky a kurkumu orestujte na oleji ve střední pánvi, dokud cibule nezměkne, asi 3 minuty. Přidejte vývar. Zahřívejte až do varu. Přidejte kuskus. Odstraňte z ohně a nechte přikryté stát 5 minut nebo dokud se vývar nevstřebá.

Kastrol z černých fazolí a zeleniny

Pureed zelené fazolky poskytují dokonalé zahuštění tohoto pokrmu.

za 6

375 ml / 13 fl oz zeleninového vývaru
400 g / 14 oz plechovka černých fazolí, opláchnutá a okapaná
400 g / 14 oz plechovka zelených fazolek, rozmačkané
400 g / 14 oz rajčat, nakrájených
130 g žampionů nakrájených na plátky
1 nakrájená cuketa
1 nakrájená mrkev
1 nakrájená cibule
3 stroužky česneku, nasekané
2 bobkové listy
¾ lžičky sušeného tymiánu
¾ lžičky sušeného oregana
100g/4oz mražený hrášek, rozmražený
sůl a čerstvě mletý černý pepř podle chuti
275 g / 10 oz nudle, vařené, horké

Smíchejte všechny ingredience kromě hrášku, soli, pepře a nudlí v pomalém hrnci. Přikryjte a vařte na vysoké teplotě 4-5 hodin, během posledních 15 minut přidejte hrášek. Bobkové listy vyhoďte. Dochuťte solí a pepřem. Podávejte přes nudle.

Kastrol z fazolí a dýní

Toto jídlo z červených fazolí z máslové dýně se pomalu vaří do pikantní dobroty. Podáváme s podmáslím chlebem.

za 6

2 plechovky po 400 g / 14 oz nakrájených rajčat
400 g / 14 oz fazole, scezené a propláchnuté
400 g / 14 oz máslových fazolí, scezených a propláchnutých
350 g cukety nebo máslové dýně, oloupané a nakrájené na kostičky
3 nakrájené cibule
1½ zelené papriky, jemně nasekané
2 stroužky česneku, nejlépe opražené, nakrájené nadrobno
½ – ¾ lžičky sušeného italského bylinkového koření
sůl a čerstvě mletý černý pepř podle chuti

Smíchejte všechny ingredience kromě soli a pepře v pomalém hrnci. Přikryjte a vařte na vysoké teplotě 4 až 5 hodin. Dochuťte solí a pepřem.

Slané fazole a ječmen se špenátem

Teplý křupavý chléb by se k tomuto pikantnímu pokrmu z cizrny a fazolí dokonale hodil.

za 6

2,25 litru / 4 pinty zeleninového vývaru
75 g / 3 oz sušené cizrny, okapané a propláchnuté
75 g fazolí, scezených a propláchnutých
1 mrkev, nakrájená na tenké plátky
50 g kroupicového ječmene
175 g brambor nakrájených na kostičky
1 cuketa na kostky
1 nakrájená cibule
2 stroužky česneku, mleté
25 g / 1 oz vařené makarony, vařené
150g/5oz špenát, nakrájený na plátky
2-4 lžíce citronové šťávy
sůl a čerstvě mletý černý pepř podle chuti

Smíchejte všechny ingredience kromě makaronů, špenátu, citronové šťávy, soli a pepře v 5litrovém pomalém hrnci. Přikryjte a vařte, dokud fazole nezměknou, 6 až 8 hodin, na posledních 20 minut přidejte makarony a špenát. Dochuťte citronovou šťávou, solí a pepřem.

Sladký fazolový kastrol

Jablečný mošt, sladké brambory a rozinky dodávají tomuto pokrmu z fazolí pinto sladkost, která se dobře hodí k paprikám a koření. Podávejte s chlebovou lžičkou.

Na 8 porcí

3 400 g plechovky fazolí, scezené a opláchnuté
2 plechovky 400 g chilli rajčat, nakrájených, se šťávou
175 ml cideru
2 červené nebo zelené papriky, nakrájené nadrobno
3 nakrájené cibule
250 g / 9 oz sladkých brambor, oloupaných a nakrájených na kostičky
175 g / 6 uncí cukety
2 stroužky česneku, mleté
2 čajové lžičky chilli
1 lžička semínek kmínu, lehce rozdrcených
½ lžičky mleté skořice
75 g / 3 oz rozinek
sůl a čerstvě mletý černý pepř podle chuti

Smíchejte všechny ingredience kromě rozinek, soli a pepře v 5litrovém pomalém hrnci. Přikryjte a vařte na mírném ohni 6 až 8 hodin, na posledních 30 minut přidejte rozinky. Dochuťte solí a pepřem.

Dušené černé fazole a špenát

Množství chilli papriček a čerstvého kořene zázvoru v tomto bohatě kořeněném pokrmu lze snížit, pokud si přejete méně tepla.

Na 8 porcí

3 400 g / 14 oz plechovky černých fazolí, scezené a opláchnuté
400 g / 14 oz plechovka sekaných rajčat
2 nakrájené cibule
1 červená paprika nakrájená na kostičky
1 cuketa na kostky
1-2 jalapeños nebo jiné středně pálivé papričky nakrájené nadrobno
2 stroužky česneku, mleté
2,5 cm / 1 kus čerstvého kořene zázvoru, jemně nastrouhaného
1-3 čajové lžičky chilli
1 lžička mletého kmínu
½ lžičky kajenského pepře
225 g / 8 oz špenát, nakrájený na plátky
sůl podle chuti
100 g / 4 oz rýže, vařená, horká

Smíchejte všechny ingredience kromě špenátu, soli a rýže v pomalém hrnci. Přikryjte a vařte na nízké teplotě po dobu 6 až 7 hodin, na posledních 15 minut přidejte špenát. Dochutíme solí. Podávejte s rýží.

Sladká, pálivá a kořeněná zelenina a fazole

Sladké koření a ohnivé papriky se v tomto plněném kastrolu tak dobře snoubí.

za 6

2 plechovky po 400 g / 14 oz nakrájených rajčat
400 g / 14 oz plechovka černých fazolí, scezená a propláchnutá
400 g / 14 oz plechovka fazolí, scezená a propláchnutá
375 ml / 13 fl oz zeleninového vývaru
6 nakrájených mrkví
6 voskových brambor, neoloupaných a nakrájených na kostičky
3 nakrájené cibule
1-3 lžičky serrano nebo jiné feferonky nakrájené nadrobno
2 stroužky česneku, mleté
1½ lžičky sušeného oregana
¾ lžičky mleté skořice
½ lžičky mletého hřebíčku
1 bobkový list
1 lžíce červeného vinného octa
sůl a čerstvě mletý černý pepř podle chuti

Smíchejte všechny ingredience kromě soli a pepře v 5litrovém pomalém hrnci. Přikryjte a vařte na mírném ohni 6 až 8 hodin. Bobkový list vyhoďte. Dochuťte solí a pepřem.

Zimní fazole s mrkví

Černé fazole a máslové fazole se zde vaří s kořenovou zeleninou, aby vznikl uspokojivý pokrm, který se podává s plnohodnotným česnekovým chlebem.

za 6

400 g / 14 oz plechovka černých fazolí, scezená a propláchnutá
400 g / 14 oz máslových fazolí, scezených a propláchnutých
375 ml / 13 fl oz zeleninového vývaru
2 nakrájené cibule
175 g / 6 oz brambor v mouce, oloupaných a nakrájených na kostičky
175 g/6 oz sladké brambory, oloupané a nakrájené na kostičky
1 velké rajče, nakrájené na měsíčky
1 nakrájená mrkev
65 g pastináku, nakrájeného na plátky
½ jemně nasekané zelené papriky
2 stroužky česneku, mleté
¾ lžičky sušené šalvěje
2 lžíce kukuřičné mouky
50 ml / 2 fl oz vody
sůl a čerstvě mletý černý pepř podle chuti

Smíchejte všechny ingredience kromě kukuřičné mouky, vody, soli a pepře v pomalém hrnci. Přikryjte a vařte na mírném ohni 6 až 7 hodin. Přidejte kombinovanou kukuřičnou mouku a vodu, míchejte 2-3 minuty. Dochuťte solí a pepřem.

Kořeněné Tofu Se Zeleninou

Kmín a tymián dodají této směsi tofu, brambor, mrkve a špenátu chuť. Tempeh v této kombinaci také dobře funguje a stejně jako tofu je zdravou proteinovou variantou.

pro 4 osoby

1 litr / 1¾ pinty Bohatý houbový nebo zeleninový vývar
275 g / 10 oz pevného tofu, na kostky (1 cm)
350 g voskových brambor, oloupaných a nakrájených na plátky
2 velké mrkve, nakrájené na plátky
1 nakrájená cibule
1 řapíkatý celer, nakrájený na plátky
3 stroužky česneku, nasekané
1 bobkový list
1 lžička mletého kmínu
½ lžičky sušeného tymiánu
275 g / 10 oz zmrazeného sekaného špenátu, rozmraženého
15 g/oz čerstvé petrželky, jemně nasekané
sůl a čerstvě mletý černý pepř podle chuti

Smíchejte všechny ingredience kromě špenátu, petrželky, soli a pepře v pomalém hrnci. Přikryjte a vařte na nízké teplotě po dobu 6 až 7 hodin, na posledních 20 minut přidejte špenát. Bobkový list vyhoďte. Dochuťte solí a pepřem.

Lilek, paprika a okra kastrol

Vyzkoušejte tento pikantní výběr zeleniny s pečeným chilli kukuřičným chlebem.

pro 4 osoby

400 g / 14 oz plechovka sekaných rajčat
250 ml / 8 fl oz zeleninového vývaru
1 velká mrkev, nakrájená na silné plátky
1 cuketa, nakrájená na silné plátky
1 malý lilek, oloupaný a nakrájený na kostičky (2,5 cm)
¾ zelené papriky, hrubě nasekané
¾ červené papriky, hrubě nasekané
2 jarní cibulky, nakrájené na plátky
4 stroužky česneku, nakrájené nadrobno
225 g jarní cibulky nebo šalotky
100g/4oz okra, oříznuté a nakrájené na plátky
2-3 lžičky celozrnné hořčice
Tabasco omáčka, sůl a čerstvě mletý černý pepř podle chuti

Smíchejte všechny ingredience kromě jarní cibulky nebo šalotky, okry, hořčice, omáčky Tabasco, soli a pepře v pomalém hrnci. Přikryjte a vařte na mírném plameni 6 až 8 hodin, na poslední hodinu přidejte jarní cibulku nebo šalotku a na posledních 30 minut okra. Dochutíme hořčicí, omáčkou Tabasco, solí a pepřem.

Italské zeleninové tortellini se sýrem

Čerstvé tortellini se vaří jen pár minut a chutná skvěle s paprikou, žampiony a bazalkou v rajčatové omáčce.

pro 4 osoby

400 g / 14 oz konzervovaných rajčat
400 ml / 14 fl oz zeleninového vývaru
75 g / 3 oz žampionů, nakrájených na plátky
1 zelená paprika, nakrájená na plátky
1 cibule nakrájená nadrobno
¼ lžičky nového koření
1 lžička sušené bazalky
4 malé cukety, nakrájené na kostičky
sůl a čerstvě mletý černý pepř podle chuti
250 g / 9 oz čerstvé sýrové tortellini, vařené, horké

Smíchejte všechny ingredience kromě cukety, soli, pepře a tortellini v pomalém hrnci. Přikryjte a vařte na vysoké teplotě po dobu 4-5 hodin, na posledních 30 minut přidejte cuketu. Dochuťte solí a pepřem. Podávejte přes tortellini v mělkých miskách.

Cizrna pro Kolumbijce

Kukuřice, hrášek a kořenová zelenina přispívají ke směsi chutí, které jsou zvýrazněny čerstvým koriandrem.

Na 8 porcí

2 plechovky po 400 g / 14 oz nakrájených rajčat
400g/14oz plechovka cizrny, okapaná a propláchnutá
375 ml / 13 fl oz zeleninového vývaru
120 ml / 4 fl oz suchého bílého vína nebo zeleninového vývaru
4 brambory, oloupané a nakrájené na kostičky
4 mrkve, nakrájené na silné plátky
4 řapíkatý celer, nakrájené na silné plátky
2 nakrájené cibule
100g/4oz sladká kukuřice, rozmražená, pokud je zmrazená
4 stroužky česneku, nakrájené nadrobno
2 bobkové listy
1 lžička sušeného kmínu
¾ lžičky sušeného oregana
1½ lžíce bílého vinného octa
100g/4oz mražený hrášek, rozmražený
25g/1oz čerstvého koriandru, nasekaného
sůl a čerstvě mletý černý pepř podle chuti

Smíchejte všechny ingredience kromě hrášku, koriandru, soli a pepře v 5litrovém pomalém hrnci. Přikryjte a vařte na vysoké teplotě 4-5 hodin, během posledních 15 minut přidejte hrášek. Přidejte koriandr. Bobkové listy vyhoďte. Dochuťte solí a pepřem.

Argentinská zelenina

Tato vegetariánská verze tradičního pokrmu má spoustu sladkokyselé chuti a lahodného ovoce z čerstvých broskví.

pro 12 osob

2 plechovky po 400 g / 14 oz nakrájených rajčat
450 ml/litr zeleninového vývaru
120 ml suchého bílého vína (volitelně)
500 g brambor, oloupaných a nakrájených na kostičky
500 g/18 oz sladké brambory nebo dýně, oloupané a nakrájené na kostičky
4 červené cibule, hrubě nakrájené
1 velká zelená paprika, jemně nasekaná
5 stroužků česneku, jemně nasekaných
2 lžíce hnědého cukru
2 lžíce bílého vinného octa
2 bobkové listy
1 lžička sušeného oregana
6 kukuřičných klasů, každý nakrájený na 4 cm / 1½ kusů
450 g cukety, nakrájené na silné plátky
6 malých broskví, oloupaných a rozpůlených
sůl a čerstvě mletý černý pepř podle chuti

Smíchejte všechny ingredience kromě kukuřice, cukety, broskví, soli a pepře v 5litrovém pomalém hrnci. Přikryjte a vařte na nízké teplotě po dobu 6 až 8 hodin, během posledních 20 minut přidejte kukuřici, cuketu a broskve. Bobkové listy vyhoďte. Dochuťte solí a pepřem.

Makarony a fazole kastrol

Toto tradiční jídlo je křížencem polévky a kastrolu: je husté, bohaté a chutné.

za 6

400 g / 14 oz fazolí cannellini, scezených a propláchnutých
400 g / 14 oz plechovka italských švestkových rajčat, nakrájených
450 ml/litr zeleninového vývaru
1 velká mrkev, nakrájená na plátky
1 velký řapíkatý celer, nakrájený na plátky
2 nakrájené cibule
1 rozdrcený stroužek česneku
½ lžičky sušeného oregana
½ lžičky sušené bazalky
75 g vařených makaronů, vařených
sůl a čerstvě mletý černý pepř podle chuti
čerstvě nastrouhaný parmazán

Smíchejte všechny ingredience kromě makaronů, soli, pepře a sýra v pomalém hrnci. Přikryjte a vařte na vysoké teplotě 4-5 hodin, na posledních 15 minut přidejte makarony. Dochuťte solí a pepřem. Na posypání dejte parmazán.

Cizrna s pečenou paprikou a smetanovou polentou

Pro rychlou chuť cizrny použijte připravenou rajčatovou omáčku a pečenou červenou papriku ze zavařovací sklenice. V tomto receptu lze také použít polentu v pomalém hrnci.

pro 4 osoby

400g/14oz plechovka cizrny, okapaná a propláchnutá
400 g připravené rajčatové omáčky
400 g / 14 oz konzervovaných rajčat
200 g pražené červené papriky ze sklenice, okapané a nakrájené
1 nakrájená cibule
1 rozdrcený stroužek česneku
1 lžička sušeného italského bylinkového koření
1 cuketa na kostky
sůl a čerstvě mletý černý pepř podle chuti
25 g / 1 oz čerstvě nastrouhaného parmazánu
mikrovlnná polenta

Smíchejte všechny ingredience kromě cukety, soli, pepře, sýra a polenty vhodné do mikrovlnné trouby v pomalém hrnci. Přikryjte a vařte na vysoké teplotě 2-3 hodiny, na posledních 30 minut přidejte cuketu. Dochuťte solí a pepřem. Do mikrovlnné polenty přidejte parmazán. Kastrol podávejte s polentou vhodnou do mikrovlnné trouby.

Ratatouille s feta aioli

Řecký sýr feta dodává tomuto středomořskému kastrolu vítaný šmrnc.

pro 4 osoby

2 plechovky po 400 g / 14 oz nakrájených rajčat
1 lilek na kostky
2 najemno nakrájené cibule
1 žlutá paprika, nakrájená na plátky
3 stroužky česneku, nasekané
2 lžičky sušeného italského bylinkového koření
2 malé cukety, rozpůlené a nakrájené na tenké plátky
sůl a čerstvě mletý černý pepř podle chuti
Feta Alioli (viz níže)

Smíchejte všechny ingredience kromě cukety, soli, pepře a Feta Alioli v pomalém hrnci. Přikryjte a vařte na vysoké teplotě po dobu 4-5 hodin, na posledních 30 minut přidejte cuketu. Dochuťte solí a pepřem. Podávejte s feta alioli.

sýr feta aioli

Sýr Feta dodává tomuto aioli lahodnou slanou kyselost.

pro 4 osoby

25g/1oz sýr feta, rozdrobený
50 ml / 2 fl oz majonézy
2-3 stroužky česneku, nakrájené nadrobno

Všechny ingredience zpracujte v kuchyňském robotu nebo mixéru, dokud nebudou hladké.

Okra s kari a kukuřice s kuskusem

Podávejte tuto pikantní zeleninu s výběrem stran pro přidání chuti.

pro 4 osoby

250 ml / 8 fl oz zeleninového vývaru
225 g / 8 oz okra, horní ořezaná
100g/4oz sladká kukuřice, rozmražená, pokud je zmrazená
75 g / 3 oz žampionů, nakrájených na plátky
2 nakrájené cibule
2 nakrájené mrkve
2 rajčata, na kousky
1 rozdrcený stroužek česneku
1½ lžičky kari
100 g / 4 unce kuskusu
sůl a čerstvě mletý černý pepř podle chuti
obloha: bílý jogurt, rozinky, nakrájená okurka, arašídy a nakrájené rajče

Smíchejte všechny ingredience kromě kuskusu, soli a pepře v pomalém hrnci. Přikryjte a vařte na vysoké teplotě 4 až 5 hodin. Přidejte kuskus a vypněte oheň. Přikryjte a nechte 5 až 10 minut stát. Dochuťte solí a pepřem. Podávejte s přílohami.

rostlinný tagin

V marocké kuchyni se tajine tradičně vaří v hliněných nádobách, známých jako tagines, s kuskusem dušeným na pánvi. Verze v pomalém hrnci zachovává veškerou chuť zeleniny. Kuskus uvařte zvlášť a udržujte teplý k podávání.

za 6

2 plechovky po 400 g / 14 oz nakrájených rajčat
400g/14oz plechovka cizrny, okapaná a propláchnutá
120 ml / 4 fl oz zeleninového vývaru nebo pomerančové šťávy
200 g zelených fazolek, nakrájených na krátké kousky
175 g máslové nebo žaludové dýně nakrájené nadrobno
150 g tuřínu nebo pastináku, nakrájeného
175 g sušených švestek bez pecek, nasekaných
1 nakrájená cibule
1 nakrájená mrkev
1 řapíkatý celer, nakrájený na plátky
1–2 cm / ½ – ¾ nasekaný čerstvý kořen zázvoru, jemně nastrouhaný
1 rozdrcený stroužek česneku
1 tyčinka skořice
2 lžičky papriky
2 lžičky mletého kmínu

2 lžičky mletého koriandru
40 g / 1 ½ oz malých černých oliv bez pecky
sůl a čerstvě mletý černý pepř podle chuti
225 g / 8 oz kuskus, vařený, horký

Smíchejte všechny ingredience kromě černých oliv, soli, pepře a kuskusu v 5litrovém pomalém hrnci. Přikryjte a vařte na vysoké teplotě po dobu 4-5 hodin, na posledních 30 minut přidejte olivy. Dochuťte solí a pepřem. Podávejte přes kuskus.

Španělské tofu

Lahodné jídlo, které sbírá barvy a chutě Středomoří. Také by to fungovalo dobře s Quornem.

pro 4 osoby

400 g / 14 oz plechovka sekaných rajčat
175 ml / 6 fl oz zeleninového vývaru
275 g / 10 oz tuhé tofu, na kostky (2,5 cm)
2 nakrájené cibule
1 cuketa, nakrájená na kostičky
100 g / 4 unce hub
1 velká mrkev, nakrájená na plátky
1 rozdrcený stroužek česneku
1 proužek pomerančové kůry
½ lžičky sušeného tymiánu
½ lžičky sušeného oregana
2 lžíce kukuřičné mouky
50 ml / 2 fl oz vody
sůl a čerstvě mletý černý pepř podle chuti
75 g / 3 oz kuskus nebo rýže, vařené, horké

Smíchejte všechny ingredience kromě kukuřičné mouky, vody, soli, pepře a kuskusu nebo rýže v pomalém hrnci. Přikryjte a vařte na mírném ohni 6 až 7 hodin. Přidejte kombinovanou kukuřičnou mouku a vodu, míchejte 2-3 minuty. Dochuťte solí a pepřem. Podáváme s kuskusem nebo rýží.

Míchaná zelenina s kuskusem

Toto marocké oblíbené je plné pikantních chutí a zeleniny.

pro 12 osob

3 400 g konzervy cizrny, okapané a propláchnuté
450–750 ml / ¾ – 1¼ pinty zeleninového vývaru
1 malé zelí, nakrájené na 12 měsíčků
1 velký lilek, nakrájený na kostičky
225 g / 8 oz mrkve, nakrájené na plátky
225 g malých brambor, nakrájených na kostičky
225 g tuřínu, nakrájeného na kostičky
225 g zelených fazolek, nakrájených na krátké kousky
225 g máslové dýně nebo máslové dýně, oloupané a nakrájené na kostičky
4 rajčata, nakrájená na čtvrtky
3 nakrájené cibule
3 stroužky česneku, nasekané
2 lžičky mleté skořice
1 lžička papriky
½ lžičky mletého zázvoru
½ lžičky mleté kurkumy

275 g artyčokových srdíček z konzervy, okapaných,
nakrájených na čtvrtky
75 g / 3 oz rozinek
25 g / 1 oz nasekané petrželky
sůl a kajenský pepř podle chuti
450 g kuskusu, vařený, horký

Smíchejte fazole, vývar, čerstvou zeleninu, česnek a koření v 5,5litrovém pomalém hrnci. Přikryjte a vařte 5–7 hodin, na posledních 30 minut přidejte srdíčka artyčoků, rozinky a petržel. Dochuťte solí a kajenským pepřem. Podávejte přes kuskus.

Africký kastrol ze sladkých brambor

Tuto cizrnu, sladké brambory a okru dochucuje pikantní česneková pasta.

za 6

2 x 400 g konzervy cizrny, okapané a propláchnuté
2 plechovky po 400 g / 14 oz nakrájených rajčat
375 ml / 13 fl oz zeleninového vývaru
700 g / 1½ lb sladkých brambor, oloupaných a nakrájených na kostičky
2 cibule, nakrájené na tenké plátky
Česneková kořenící pasta (viz níže)
175g/6oz okra, oříznuté a nakrájené na krátké kousky
sůl a čerstvě mletý černý pepř podle chuti
Tabasco omáčka, podle chuti
175 g / 6 oz kuskus, vařený, horký

Smíchejte všechny přísady kromě okry, soli, pepře, omáčky Tabasco a kuskusu v 5litrovém pomalém hrnci. Přikryjte a vařte na vysoké teplotě po dobu 4-5 hodin, během posledních 45 minut přidejte okra. Dochuťte solí, pepřem a omáčkou Tabasco. Podávejte přes kuskus.

česneková kořenící pasta

Šikovná pasta na ochucení dušených pokrmů, zejména vegetariánských.

za 6

6 stroužků česneku
2 x 5 mm / ¼ nakrájeného čerstvého kořene zázvoru
2 lžičky papriky
2 lžičky semínek kmínu
½ lžičky mleté skořice
1-2 lžíce olivového oleje

Všechny ingredience zpracujte v kuchyňském robotu nebo mixéru, dokud nebudou hladké. Nebo rozdrťte česnek a zázvor nastrouhejte najemno a s ostatními ingrediencemi rozmixujte na kaši.

zeleninový stroganoff

Zahřívací miska pro chladné zimní noci. Pokud chcete, nahraďte jednu z brambor tuřínem, pastinákem nebo tuřínem.

za 6

375 ml / 13 fl oz zeleninového vývaru
225 g žampionů, rozpůlených
3 cibule, nakrájené na tenké plátky
2 moučné brambory, oloupané a nakrájené na kostičky
2 sladké brambory, oloupané a nakrájené na kostičky
1 lžíce suchého hořčičného prášku
1 lžička cukru
100g/4oz mražený hrášek, rozmražený
250 ml / 8 fl oz zakysané smetany
2 lžíce kukuřičné mouky

sůl a čerstvě mletý černý pepř podle chuti
275 g / 10 oz tagliatelle, vařené, horké

Smíchejte všechny přísady kromě hrášku, zakysané smetany, kukuřičné mouky, soli, pepře a nudlí v 5litrovém pomalém hrnci. Přikryjte a vařte na mírném ohni 6 až 8 hodin, během posledních 30 minut přidejte hrášek. Přidejte kombinovanou zakysanou smetanu a kukuřičnou mouku a míchejte 2 až 3 minuty. Dochuťte solí a pepřem. Podávejte přes nudle.

Zelné ragú s velkorysou bramborovou kaší

Výrazné aromatické tóny čerstvého fenyklu, čerstvého kořene zázvoru a jablka činí tento kastrol ze zelí a lilku obzvláště chutným.

za 6

550 g / 1¼ lb lilku, nakrájeného na kostičky (2,5 cm / 1 palec)
450 ml/litr zeleninového vývaru
900 g / 2 lb zelí, nakrájené na tenké plátky
2 nakrájené cibule
½ cibule fenyklu nebo 1 řapíkatý celer, nakrájené na tenké plátky
3 velké stroužky česneku, nasekané nadrobno
2,5 cm / 1 kus čerstvého kořene zázvoru, jemně nastrouhaného

1 lžička fenyklových semínek, drcených
2 jíst jablka, oloupaná a nahrubo nakrájená
250 ml / 8 fl oz zakysané smetany
2 lžíce kukuřičné mouky
sůl a čerstvě mletý černý pepř podle chuti
královská bramborová kaše

Smíchejte přísady kromě jablek, zakysané smetany, kukuřičné mouky, soli, pepře a bramborové kaše Royal v 5litrovém pomalém hrnci. Přikryjte a vařte na mírném ohni 6 až 8 hodin, na posledních 20 minut přidejte jablka. Zapněte oheň na vysoký a vařte 10 minut. Přidejte kombinovanou zakysanou smetanu a kukuřičnou mouku a míchejte 2 až 3 minuty. Dochuťte solí a pepřem. Podávejte přes pravou bramborovou kaši v mělkých miskách.

Dýňový bramborový guláš

Tento guláš by byl výborný i se špenátovou rýží místo nudlí.

za 6

400 g / 14 oz konzervovaných rajčat, nakrájených
250 ml / 8 fl oz zeleninového vývaru
120 ml / 4 fl oz suchého bílého vína nebo extra zeleninového vývaru
500 g máslové dýně, oloupané a nakrájené na kostičky
500 g moučných brambor, oloupaných a nakrájených na kostičky
1½ červené papriky, nakrájené na kostičky
1½ zelené papriky, nakrájené na kostičky

2 cibule, hrubě nakrájené

1 rozdrcený stroužek česneku

1-2 lžičky kmínu, lehce rozdrceného

3 lžíce papriky

250 ml / 8 fl oz zakysané smetany

2 lžíce kukuřičné mouky

sůl a čerstvě mletý černý pepř podle chuti

275 g / 10 oz široké nudle, vařené, horké

Smíchejte všechny přísady kromě papriky, zakysané smetany, kukuřičné mouky, soli, pepře a nudlí v 5litrovém pomalém hrnci. Přikryjte a vařte na mírném ohni 6 až 8 hodin. Přidejte papriku a kombinovanou zakysanou smetanu a kukuřičnou mouku a míchejte 2 až 3 minuty. Dochuťte solí a pepřem. Podávejte přes nudle.

Javorová ovesná kaše V

Nechte uvařit snídani, zatímco spíte – je to ta nejlepší snídaně vůbec!

Na 4 až 6 porcí

100g/4oz ovesné špendlíkové hlavičky
1 litr / 1¾ pinty vody
175 g javorového sirupu,
75 g / 3 oz ořechů, nasekaných
20 g másla nebo margarínu
½ lžičky soli

Smíchejte všechny ingredience v pomalém hrnci. Přikryjte a vařte na mírném ohni 6 až 8 hodin.

Vícezrnná cereálie

Snídaňová cereálie plná energetických surovin, která vás připraví na další den.

Na 4 až 6 porcí

50 g/2 oz ovesné špendlíkové hlavičky
25g/1oz ovesné vločky
25 g / 1 oz pšeničných bobulí
1 litr / 1¾ pinty vody
175 g javorového sirupu,
75 g / 3 oz ořechů, nasekaných
20 g másla nebo margarínu
½ lžičky soli
40 g / 1½ oz prosa nebo quinoa

Smíchejte všechny ingredience kromě jáhel nebo quinoy v pomalém hrnci. Přikryjte a vařte na mírném ohni 6 až 8 hodin. Jáhly nebo quinou opečte na malé pánvi na středním plameni a vmíchejte do pomalého hrnce. Přikryjte a vařte na mírném ohni další 1 hodinu.

husté jablečné pyré

Vynikající podávané teplé i studené, jako příloha k masu, zvěřině či tučným rybám nebo jako poleva na nákypy.

za 6

1,5 kg / 3 lb ke konzumaci jablek, oloupaných a nahrubo nakrájených
150 ml/litr vody
100 g / 4 oz moučkový cukr
mletá skořice

Smíchejte všechny ingredience kromě skořice v pomalém hrnci. Přikryjte a vařte na nejvyšší stupeň, dokud jablka nezměknou a za míchání nevytvoří omáčku, 2 až 2 1/2 hodiny. Posypeme skořicí a podáváme.

Artyčoky s falešnou holandskou omáčkou

Mock Hollandaise omáčka je také skvělá podávaná s chřestem, brokolicí nebo květákem.

pro 4 osoby

4 velmi malé artyčoky, stonky odstraněny
1 citron nakrájený na čtvrtky
175 ml / 6 fl oz vody
Falešná holandská omáčka (viz níže)

Odřízněte 1 cm vršku artyčoků a vyhoďte. Na každý artyčok vymačkejte plátek citronu a vložte je do pomalého hrnce. Přidejte 2,5 cm / 1 vody do pomalého hrnce. Přikryjte a vařte na nejvyšší stupeň, dokud artyčoky nezměknou (spodní listy se snadno odlupují), 3½ až 4 hodiny. Vyjměte artyčoky a zakryjte je hliníkovou fólií, aby zůstaly teplé. Vylijte vodu v pomalém hrnci. Připravte si make-up holandskou omáčku a podávejte s artyčoky na namáčení.

Simulovaná holandská omáčka

To lze provést i na přepážce. Ingredience vařte v malé pánvi na středním ohni a míchejte, dokud nebudou hladké.

pro 4 osoby

175 g / 6 oz měkkého sýra při pokojové teplotě
75 ml / 2 ½ fl oz zakysané smetany
3-4 lžíce polotučného mléka
1-2 lžičky citronové šťávy
½ – 1 lžička dijonské hořčice
špetka mleté kurkumy (volitelně)

Vložte všechny ingredience do pomalého hrnce. Přikryjte a vařte na vysoké teplotě, dokud se sýr nerozpustí a směs nebude teplá, asi 10 minut, jednou nebo dvakrát promíchejte, aby se promíchala.

Italský chřest a bílé fazole

Vydatná příloha ke grilovanému nebo pečenému masu.

Na 8 porcí

400 g / 14 oz fazolí cannellini, scezených a propláchnutých
175 ml / 6 fl oz zeleninového vývaru
400 g švestkových rajčat, nakrájených na plátky
1 velká mrkev, nakrájená na plátky
1 lžička sušeného rozmarýnu
450 g / 1 lb chřestu, nakrájeného na plátky (5 cm / 2 palce)
sůl a čerstvě mletý černý pepř
225 g tenkých špaget nebo linguine, vařené, horké
25–50 g / 1–2 oz čerstvě nastrouhaného parmazánu

Smíchejte fazole, vývar, rajčata, mrkev a rozmarýn v pomalém hrnci. Přikryjte a vařte na vysoké teplotě, dokud mrkev nezměkne, asi 3 hodiny, na posledních 30 minut přidejte chřest. Dochuťte solí a pepřem. Smíchejte s linguine a sýrem.

Francouzské fazole v řeckém stylu

Čerstvé fazole se vaří s rajčaty, bylinkami a česnekem.

Podává se od 8 do 10

450 g / 1 libra zelených fazolí
2 plechovky po 400 g / 14 oz nakrájených rajčat
1 nakrájená cibule
4 stroužky česneku, nakrájené nadrobno
¾ lžičky sušeného oregana
¾ lžičky sušené bazalky
sůl a čerstvě mletý černý pepř

Smíchejte všechny ingredience kromě soli a pepře v pomalém hrnci. Přikryjte a vařte na nejvyšší stupeň, dokud fazole nezměknou, asi 4 hodiny. Dochuťte solí a pepřem.

Orientální zelené fazolky

Lahodný pokrm podávaný k masu nebo drůbeži.

pro 4 osoby

275 g zelených fazolek, rozpůlených
½ cibule, nakrájená
¼ jemně nasekané červené papriky
2 cm / ¾ na kousky čerstvý kořen zázvoru, jemně nastrouhaný
2 stroužky česneku, mleté
120 ml / 4 fl oz vody
150 g konzervovaných černých nebo aduki fazolí, okapaných
50 g / 2 oz nakrájených vodních kaštanů
1 lžíce rýžového vinného octa
1-2 lžičky tamari
sůl a čerstvě mletý černý pepř

Smíchejte fazole, cibuli, papriku, zázvor, česnek a vodu v pomalém hrnci. Přikryjte a vařte na nejvyšší stupeň, dokud zelené fazolky nezměknou, asi 1 1/2 hodiny. Vypusťte. Přidejte zbytek ingrediencí, kromě soli a pepře. Přikryjte a vařte na nejvyšší stupeň 30 minut. Dochuťte solí a pepřem.

Fazolový kastrol

Čerstvé suroviny umožňují tento starý oblíbený nápoj zdravějším způsobem.

za 6

300 g / 11 oz plechovka houbové polévky
120 ml zakysané smetany
50 ml / 2 fl oz polotučného mléka
275 g/10 oz mražené nakrájené zelené fazolky, rozmražené
sůl a čerstvě mletý černý pepř
½ šálku konzervované smažené cibule

Smíchejte polévku, zakysanou smetanu a mléko v pomalém hrnci. Přidejte zelené fazolky. Přikryjte a vařte na mírném ohni 4 až 6 hodin. Dochuťte solí a pepřem. Těsně před podáváním přidejte cibuli.

Nejvyšší zelené fazolky

Luxusní varianta předchozího receptu.

za 6

75 g hnědých žampionů, nakrájených na plátky
1 lžíce másla nebo olivového oleje
2 jarní cibulky, nakrájené na tenké plátky
300 g / 11 oz plechovka houbové polévky
120 ml zakysané smetany
50 ml / 2 fl oz polotučného mléka
275 g/10 oz mražené nakrájené zelené fazolky, rozmražené
sůl a čerstvě mletý černý pepř
4 plátky křupavé uvařené slaniny, rozdrobené

Na másle nebo olivovém oleji opečte houby do měkka. Smíchejte houby, cibuli, polévku, zakysanou smetanu a mléko v pomalém hrnci. Přidejte zelené fazolky. Přikryjte a vařte na mírném ohni 4 až 6 hodin. Dochuťte solí a pepřem. Těsně před podáváním přidáme slaninu.

Santa Fe pečené fazole

Tyto pečené fazole jsou pikantní, sladké a pikantní. Upravte množství chilli papriček na požadovanou úroveň pikantnosti!

Na 8 porcí

2 nakrájené cibule
½ papriky poblano nebo jiné jemné chilli nebo malé zelené papriky, jemně nasekané
½ – 1 paprička serrano nebo jalapeño, jemně nasekaná
2 plechovky po 400 g / 14 oz fazole pinto, scezené a opláchnuté
100g/4oz sladká kukuřice, rozmražená, pokud je zmrazená
6 sušených rajčat (ne v oleji), změklých a nakrájených na plátky
2-3 lžíce medu
½ lžičky mletého kmínu
½ lžičky sušeného tymiánu
3 bobkové listy
sůl a čerstvě mletý černý pepř podle chuti
50 g sýra feta, rozdrobený
15 g/oz čerstvého koriandru, jemně nasekaného

Smíchejte všechny ingredience kromě soli, pepře, sýra a koriandru v pomalém hrnci. Dochuťte solí a pepřem. Přikryjte a vařte na mírném ohni 5 až 6 hodin, na posledních 30 minut posypte sýrem a čerstvým koriandrem.

Toskánská fazolová mísa

Fazole cannellini s vůní citronu jsou v tomto jednoduchém pekáčku ochuceny sušenými rajčaty, česnekem a bylinkami.

za 6

3 plechovky po 400 g / 14 oz fazole cannellini
250 ml / 8 fl oz zeleninového vývaru
1 nakrájená cibule
½ jemně nasekané červené papriky
2 stroužky česneku, mleté
1 lžička sušené šalvěje
1 lžička sušeného rozmarýnu
2-3 lžičky citronové kůry
6 sušených rajčat (ne v oleji), změklých a nakrájených na plátky
sůl a čerstvě mletý černý pepř podle chuti

Smíchejte všechny ingredience kromě soli a pepře v pomalém hrnci. Přikryjte a vařte na mírném ohni, dokud fazole nezhoustnou, 5 až 6 hodin. Dochuťte solí a pepřem.

Brazilský potěr z černých fazolí

Slavnostní chutě Brazílie se snoubí v tomto neodolatelném pokrmu.

pro 12 osob

4 nakrájené cibule
1 až 2 polévkové lžíce najemno nakrájeného jalapeňo nebo jiné jemně pálivé chilli papričky
2,5–5 cm / 1–2 kusy čerstvý kořen zázvoru, jemně nastrouhaný
4 400 g konzervy černých fazolí, scezené a propláchnuté
2 plechovky po 400 g / 14 oz nakrájených rajčat
175 g / 6 uncí medu
100 g / 4 unce světle hnědého cukru
¾ lžičky sušeného tymiánu
¾ lžičky mletého kmínu
sůl a čerstvě mletý černý pepř podle chuti

½ manga, nakrájené na plátky

½ banánu, nakrájeného na plátky

Smíchejte všechny ingredience kromě soli, pepře, manga a banánu v pomalém hrnci. Dochuťte solí a pepřem. Přikryjte a vařte na mírném ohni, dokud fazole nezhoustnou, 5 až 6 hodin. Před podáváním posypte mangem a banánem.

Pečené fazole se zázvorem

Pomalé pečení dodává tomuto speciálnímu sladkému kořeněnému pokrmu ze zázvoru a fazolí na dobrotě.

Na 2 až 4 porce

3 nakrájené cibule

5-7,5 cm / 2-3 v kořeni čerstvého zázvoru, jemně nasekané

3-4 stroužky česneku, nakrájené nadrobno

4 400g plechovky fazolí cannellini, scezené a propláchnuté

100 g / 4 unce světle hnědého cukru

175 g / 6 oz připravené rajčatové omáčky

175 g / 6 uncí zlatého sirupu

1 lžička suchého hořčičného prášku

1 lžička mletého zázvoru

1 lžička sušeného tymiánu

¼ lžičky mleté skořice

¼ lžičky mletého nového koření

2 bobkové listy

čerstvě mletý černý pepř, podle chuti

50 g hrubě namletých perníčků

Smíchejte všechny ingredience kromě pepře a zázvorové strouhanky v pomalém hrnci. Dochutíme pepřem. Přikryjte a vařte na mírném plameni do zhoustnutí, asi 6 hodin, na poslední hodinu vmíchejte strouhanku zázvoru. Bobkové listy vyhoďte.

Dijonská řepa

Hořčice se neuvěřitelně dobře snoubí se zemitou chutí červené řepy. Můžete také vyzkoušet různé druhy hořčice, jako je křenová hořčice, celozrnná hořčice nebo med.

pro 4 osoby

450 g řepy, oloupané a nakrájené na kostičky (1 cm)
1 malá cibule nakrájená nadrobno
2 stroužky česneku, mleté
75 ml / 2 ½ fl oz zakysané smetany
1 lžíce kukuřičné mouky
2 lžíce dijonské hořčice
2-3 lžičky citronové šťávy
sůl a bílý pepř, podle chuti

Smíchejte řepu, cibuli, česnek a zakysanou smetanu v pomalém hrnci. Přikryjte a vařte na vysoké teplotě, dokud řepa nezměkne, asi 2 hodiny. Přidejte kombinovanou kukuřičnou mouku, hořčici a citronovou šťávu a míchejte 2 až 3 minuty. Dochuťte solí a pepřem.

Červená řepa s medem

Řepa se snadno loupe, když se vaří se slupkou; stačí opláchnout studenou vodou a kůže může být odstraněna. Poté je znovu zavařte do sladkokyselé směsi s ořechy a sušeným ovocem.

za 6

700 g střední řepy, neloupané
450 ml/litr horké vody
½ červené cibule, velmi jemně nakrájené
2 stroužky česneku, mleté
40 g rybízu nebo rozinek
3-4 lžíce pražených vlašských ořechů
75 g / 3 unce medu
2-3 lžíce červeného vinného octa
1 lžíce másla
sůl a čerstvě mletý černý pepř podle chuti

Smíchejte řepu a vodu v pomalém hrnci. Přikryjte a vařte na nejvyšší stupeň, dokud řepa nezměkne, 2 až 2 1/2 hodiny. Vypusťte. Červenou řepu oloupeme a nakrájíme na 2 cm / ¾ kostky. Smíchejte řepu a zbytek ingrediencí, kromě soli a pepře, v pomalém hrnci. Přikryjte a vařte na nejvyšší stupeň 20 až 30 minut. Dochuťte solí a pepřem.

Růžičková kapusta a jarní cibulka glazovaná s cukrem

Nakládaná baby cibulka se v tomto snadném pokrmu skvěle hodí k růžičkové kapustě. Pro rychlou kůru nejprve cibuli blanšírujte ve vroucí vodě po dobu 1 minuty.

Na 4 až 6 porcí

225 g malé růžičkové kapusty, pokud je velká, rozpůlená
225 g jarní cibulky
375 ml / 13 fl oz horké vody
15 g/oz másla
50 g / 2 oz moučkový cukr
sůl a bílý pepř, podle chuti

Smíchejte růžičkovou kapustu, cibuli a vodu v pomalém hrnci. Přikryjte a vařte na vysoké teplotě do měkka, asi 2 hodiny. Vypusťte. Přidejte máslo a cukr. Přikryjte a vařte na vysoké teplotě, dokud nezesklovatí, asi 10 minut. Dochuťte solí a pepřem.

Dušené zelí na víně

Aromatický anýz a kmín s dokřupava opečenou slaninou dodávají zelí chuťový rozměr.

Na 4 až 6 porcí

1 zelí nakrájené na tenké plátky
2 malé nakrájené cibule
½ jemně nasekané zelené papriky
3 stroužky česneku, nasekané
½ lžičky kmínu, drceného
½ lžičky anýzových semínek, drcených
50 ml / 2 fl oz zeleninového vývaru
50 ml / 2 fl oz suchého bílého vína
2 plátky slaniny, nakrájené na kostičky, opečené dokřupava, okapané
sůl a čerstvě mletý černý pepř podle chuti

Smíchejte všechny ingredience kromě slaniny, soli a pepře v pomalém hrnci. Přikryjte a vařte na nejvyšší stupeň, dokud zelí nezměkne, 3 až 4 hodiny. Přidejte slaninu. Dochuťte solí a pepřem.

smetanové zelí

Skvělá příloha k nedělní pečeni, zejména vepřové, ale i vegetariánské pekanové ořechy.

Na 4 až 6 porcí

1 zelí nakrájené na tenké plátky
2 malé nakrájené cibule
½ jemně nasekané zelené papriky
3 stroužky česneku, nasekané
½ lžičky kmínu, drceného
½ lžičky anýzových semínek, drcených
50 ml / 2 fl oz zeleninového vývaru
50 ml / 2 fl oz suchého bílého vína
120 ml zakysané smetany
1 lžíce kukuřičné mouky
sůl a čerstvě mletý černý pepř podle chuti

Smíchejte všechny ingredience kromě zakysané smetany, kukuřičné mouky, soli a pepře v pomalém hrnci. Přikryjte a vařte na nejvyšší stupeň, dokud zelí nezměkne, 3 až 4 hodiny. Přidejte kombinovanou zakysanou smetanu a kukuřičnou mouku. Přikryjte a vařte na mírném ohni 5 až 10 minut. Dochuťte solí a pepřem.

Mrkvové pyré se zázvorem

Toto tradiční francouzské zeleninové pyré se snadno připravuje v pomalém hrnci. Má intenzivní chuť a sametovou texturu.

Podává se od 6 do 8

900 g / 2 lb mrkve, nakrájené na plátky
350 g moučných brambor, oloupaných a nakrájených na kostičky
250 ml / 8 fl oz vody
15–25 g / ½ – 1 oz másla nebo margarínu
50–120 ml / 2–4 fl oz polotučného mléka, teplé
½ lžičky mletého zázvoru
sůl a čerstvě mletý černý pepř podle chuti

Smíchejte mrkev, brambory a vodu v pomalém hrnci. Přikryjte a vařte na vysoké teplotě, dokud zelenina nezměkne, asi 3 hodiny. Dobře sceďte. Mrkev a brambory zpracujte v kuchyňském robotu nebo mixéru, dokud nebudou hladké. Vraťte se do pomalého hrnce. Vařte na vysokém ohni, odkryté, dokud není směs velmi hustá, asi 30 minut, za občasného míchání. Máslo nebo margarín a dostatečné množství mléka ušleháme do krémova. Přidejte mletý zázvor. Dochuťte solí a pepřem.

Pyré z květáku a fenyklu

Nejjednodušší způsob, jak připravit květák, je rozdělit ho na malé růžičky.

Podává se od 6 do 8

900 g / 2 lb květák, nakrájený na plátky
350 g moučných brambor, oloupaných a nakrájených na kostičky
250 ml / 8 fl oz vody
15–25 g / ½ – 1 oz másla nebo margarínu
50–120 ml / 2–4 fl oz polotučného mléka, teplé
1–1½ lžičky mletého kmínu nebo fenyklových semínek
sůl a čerstvě mletý černý pepř podle chuti

Smíchejte květák, brambory a vodu v pomalém hrnci. Přikryjte a vařte na vysoké teplotě, dokud zelenina nezměkne, asi 3 hodiny. Dobře sceďte. Zpracujte květák a brambory v kuchyňském robotu nebo mixéru do hladka. Vraťte se do pomalého hrnce. Vařte na vysokém ohni, odkryté, dokud není směs velmi hustá, asi 30 minut, občas promíchejte. Máslo nebo margarín a dostatečné množství mléka ušleháme do krémova. Přidejte fenykl nebo kmín. Dochuťte solí a pepřem.

www.ingramcontent.com/pod-product-compliance
Lightning Source LLC
Chambersburg PA
CBHW071236080526
44587CB00013BA/1637